책을 읽기 전에

1. 책의 식물 이름은 국가표준식물목록 www.nature.go.kr/kpni/SubIndex.do을 기준으로 정리했습니다. 국가표준식물목록에 없는 식물 이름은 통용되는 이름이나 라틴어 학명을 발음나는대로 표기했습니다.

2. 식물 이름은 학명 속소명+종소명+품종명으로 표기했습니다. 식물 정명과 학명 위에 실제로 유통되는 식물 이름도 함께 표기했습니다.

3. 엄밀하게 따지면 자생종, 토착종, 토종의 개념이 다르지만 이 책에서는 동일한 의미로 사용했습니다. 마찬가지로 재배종, 원예종, 교배종, 개량종도 특별하게 구별하지 않았습니다.

4. 내한성, 식물의 키, 적정 토양 습도 등 식물 관련 정보들은 자료마다 조금씩 다릅니다. 하나의 공간 안에서도 미기후나 토양 조건 혹은 일광 조건에 따라 식물의 생육 상태는 달라집니다. 이 책의 식물 기본 정보는 여러 문헌을 참고했지만 기본적으로는 직접 식물을 가꾸어 본 저자의 경험에 근거한 자료입니다. 책에 정리한 식물 기본 정보 기호의 의미는 아래와 같습니다.

  - Ⓗ 내한성
  - ↕ 식물의 키
  - ↔ 식물의 폭
  - ✿ 개화기
  - ☀ 적정 일광 요구도
  - ◊ 적정 토양 습도

식물 내한성 구역 Plant Hardness Zones 미국농무부USDA

구역	온도(섭씨)	구역	온도(섭씨)
1	-45.6 이하	6b	-20.6 ~ -17.8
2a	-45.6 ~ -42.8	7a	-17.8 ~ -15
2b	-42.8 ~ -40	7b	-15 ~ -12.2
3a	-40 ~ -37.2	8a	-12.2 ~ -9.4
3b	-37.2 ~ -34.4	8b	-9.4 ~ -6.7
4a	-34.4 ~ -31.7	9a	-6.7 ~ -3.9
4b	-31.7 ~ -28.9	9b	-3.9 ~ -1.1
5a	-28.9 ~ -26.1	10a	-1.1 ~ 1.7
5b	-26.1 ~ -23.3	10b	1.7 ~ 4.4
6a	-23.3 ~ -20.6	11	4.4 이상

5. 일부 그라스와 나무의 경우 개화기가 큰 의미가 없어 개화기 정보를 넣지 않았습니다.

6. 본문의 고딕체 주는 편집자 주입니다.

7. 참고문헌과 사이트는 아래와 같습니다.

노엘 킹스버리, 《원예식재와 조경》, 시그마프레스, 2006
송정섭·김완순·김종근·박웅규, 《주제로 만나는 우수정원식물 KGM 500》, 디자인포스트, 2025
자클린 판데어클루트, 《구근식물 식재디자인》, 목수책방, 2024
피트 아우돌프·노엘 킹스버리, 《식재디자인》, 목수책방, 2021
피트 아우돌프·헹크 헤릿선, 《자연정원을 위한 꿈의 식물》, 목수책방, 2020
Beth Chatto·Julia Boulton, 《Beth Chatto's Green Tapestry Revisited》, Pimpernel Press, 2021
Susan A. Roth, 《The Four-Season Landscape》, Rodale Books, 1994
gardenia.net
missouribotanicalgarden.org
rhs.org.uk

글 사진 김경희

찍박골정원이 추천하는

이지 가드닝을 위한 정원식물 100

목수책방
木水冊房

머리말

돌이켜 보면 내 가드닝의 역사는 '심었다, 뽑았다'의 반복이었다. 현란한 사진 한 장에 마음을 빼앗겨 식물을 들이고, 심고, 실패하고, 다시 뽑아내고, 또 다른 식물을 찾아 심곤 했다. 사진 한 장 보고 덜컥 결혼을 결심하던 시절의 순수함 같았다. 물론 좋은 말로 '순수'지 속내는 '무모함'이었다.

그렇게 매년 새로운 모종들을 계속 들여오니 정원은 좀처럼 풍성해질 틈이 없었다. 10여 년이 지나고 나서야 정원의 식물들이 하나둘 만족스럽게 자리를 잡기 시작했고, 비로소 정원이 스스로 풍성해지기 시작했다. 식물이 제자리를 찾자 풀을 뽑아야 할 면적은 줄어들었고, 매년 식물을 사러 다니지 않아도 되었으며, 정원에 맞지 않는 식물을 골라내고 다시 심는 수고도 덜 수 있었다. 대신 조금 더 세심하게 식물을 돌볼 수 있게 되었다. 드디어 진정한 의미의 가드닝이 시작된 것이다.

이제는 예전처럼 새로운 식물을 향한 욕구가 그다지 크지 않다. 아무리 미모가 뛰어난 식물이라도 내 정원의 환경과 콘셉트에 맞지 않으면 무의미하고, 갓 태어난 신품종들은 우리나라 기후에서 검증되지 않았기 때문에 다시 내 정원에서 실험과 적응이라는 번거로운 과정을 거쳐야 했다. 게다가 기후변화 시대의 신품종은 원종에 비해 생존력이 떨어지는 경우가 많다는 사실도 알았다.

요즘 내 가드닝의 화두는 '이지 가드닝easy gardening'이다. 식물이 살지 않는 공간은 과감히 포장하고, 공간이 좁아 매년 가지치기해 주어야 하는 나무는 넓은 공간으로 옮기고, 비슷한 조건이라면 땅을 덮어 줄 수 있는 식물을 택하며, 자연 발아나 뿌리로 지나치게 번식하는 식물은 과감히 솎아 낸다. 관리 부담이 큰 정원은 손이 많이 가지 않는 스타일로 바꾸고, 정원의 모든 경계에는 에지edge를 넣어 관리 구역을 분명히 나누고, 초본류보다는 동일한 사이즈의 관목을 선택한다.

그러나 아무리 요령을 부려도 식물은 결국 관리가 필요한 존재다. 결국 '이지 가드닝'의 핵심은 '식물'에 있다는 것을 알게 되었다.

봄에는 채송화 씨를 뿌리고, 여름에는 장미에 거름을 두둑이 올려 주고, 좋은 감나무 가지를 구해다 접을 붙이고, 부추밭에는 타고 남은 재를 수북이 올려 주고, 텃밭에서 나온 쓰레기에 깻묵을 섞어 여름 내내 삭혀 두는 지혜까지. 할머니 꽃밭이라도 살갑게 들여다보았으면 할머니 손끝이 부리는 마법들을 어깨 너머로 익혔을 텐데, 하는 아쉬움이 있다.

국민의 60퍼센트가 아파트에 살고 있는 우리나라에서는 사람들이 정원을 접할 기회가 거의 없어서 식물이나 흙, 가드닝을 잘 알기 어렵다. 따라서 우리 모두의 가드닝은 실패의 연속일 수밖에 없다. 그래서 내가 겪은 식물 이야기와 정원 이야기를 나누고 싶었다. 어깨너머로 '눈동냥'할 수 있는 할머니의 꽃밭이 되고 싶었다.

지금까지 정원에서 살아남은 식물들, 그리고 아직도 적응하느라 분투 중이지만 살아남아 주었으면 하는 식물들을 이 책에 소개한다. 물론 지역, 기후, 토양, 환경 조건이 다르니 이 정보가 모두에게 정답일 수는 없다. 식물의 사이즈에 특히 마음이 쓰였다. 찍박골정원은 비교적 넓은 편이라 큰 식물을 가꾸는 것에 문제가 없었다. 하지만 주택정원의 경우에는 식물의 사이즈에 신경을 써야 한다. 또 '보통'이라는 수분 요구도 역시 배수가 잘되면서 지나치게 마르지 않은 상태를 전제로 했다.

내가 식물을 고르는 기준은 다음과 같다.
① 개화기가 3~4주 정도로 길어야 한다.
② 뿌리나 종자로 공격적인 번식이 일어나지 않아야 한다. ③ 땅을 덮어 잡초를 막아 주는 식물은 언제나 환영이다. ④ 지지대 없이도 잘 서 있어야 한다(그러나 쓰러지지 않는 키 큰 식물은 별로 없다). ⑤ 꽃이 진 뒤에도 자리가 비지 않아야 한다.

찍박골정원에 있는 식물들이 이 기준에 딱 들어맞는 것은 아니지만, 10여 년에 걸쳐 비슷한 조건을 만족하는 식물들로 정원을 꾸미느라 지금 남아 있는 식물의 몇 배나 되는 식물들을 보냈다. 이 경험이 정원에 진심인 누군가에게 작은 도움이 되기를 바란다.

영국의 정원디자이너 나이절 더닛Nigel Dunnett이 말한 '3P' 법칙이라는 것이 있다. "한 철에 세 종류의 식물만 있어도 충분하다." 내 경험으로는 두 종류의 꽃만으로도 아름다운 정원을 만들 수 있다. 이 책이 그 두 가지 식물을 고르는 데 도움이 되면 좋겠다.

2025년 9월 찍박골정원에서 김경희

4 머리말

봄 Spring

10	살비아 네모로사 '카라도나'
12	별정향풀 '스톰 클라우드'
14	네페타 라케모사 '워커스 로'
18	오리엔탈양귀비 '헬렌 엘리자베스'
22	헬레보루스 오리엔탈리스
24	브루네라 마크로필라 '잭 프로스트'
28	금낭화
30	플록스 디바리카타
32	매발톱 '화이트 스타'
34	페르시카리아 비스토르타 '수페르바'
36	게움 '미세스 제이 브래드쇼'
40	뱀무
42	알케밀라 몰리스
44	큰꽃삼지구엽초
46	아스트란티아
50	올라야 그란디플로라
52	디안투스 크루엔투스
54	길레니아 트리폴리아타
56	램스이어
60	뿌리속단
62	아이리스
64	멘지스오이풀
68	우단동자꽃
70	할미꽃
72	밥티시아 아우스트랄리스 미노르
74	숙근제라늄 [로잔]

여름 Summer

78	에키나시아
82	팔리다에키나시아·파라독사에키나시아
86	긴산꼬리풀 '블루 셰이즈'
88	아스틸베
90	헬레니움 '무어하임 뷰티'
94	원추리
96	버지니아냉초 '패시네이션'
100	살비아 프라텐시스
102	서양붉은터리풀 '베누스타'
104	까칠하늘바라기 '블리딩 하트'
108	리아트리스 스피카타
112	페르시카리아 암플렉시카울리스 '파이어테일'
116	꽃배초향 '블루 포춘'
120	러시안세이지 '블루 스파이어'
122	유파토리움 두비움 '베이비 조'
124	맥문동
126	촛대승마 '블랙 네글리제'
128	호스타
130	실유카
132	모나르다 '버블검 블라스트'
134	반들꿩의다리

가을 Autumn

- 138　오레곤개망초
- 140　주름미역취 '파이어웍스'
- 142　큰꿩의비름 '오텀 조이'
- 144　대상화
- 148　아스터
- 150　솔체꽃
- 152　꼬랑사초
- 154　수크령 '하멜른'
- 158　풍지초 '아우레올라'
- 160　좀새풀 '픽시 파운틴'
- 162　큰개기장 '헤비 메탈'
- 164　큰개기장 '초콜라타'
- 168　바늘새풀 '오버댐'
- 170　띠 '레드 배론'
- 172　참억새 '모닝 라이트'
- 174　브라키트리차새풀
- 176　참억새 '딕시랜드'
- 180　참억새 '리틀 키튼'
- 182　몰리니아 세룰레아 '모어헥세'

구근식물 Bulbs

- 186　수선화
- 188　실라
- 190　스페인블루벨
- 192　알리움 '퍼플 센세이션'
- 194　은방울수선 '그레이브타이 자이언트'
- 196　무스카리
- 198　튤립
- 200　마르타곤나리 '클로드 슈라이드'
- 202　백합
- 204　다알리아 해피 싱글 '로미오'

교목·관목 Trees

- 210　클레마티스
- 212　히어리
- 214　박태기나무
- 216　양국수나무 '디아블로'
- 218　향분꽃나무
- 220　무궁화 시폰 시리즈
- 222　준베리 '발레리나'
- 224　느릅나무 '삿포로 오텀 골드'
- 226　서양측백 '대니카'
- 228　산딸나무
- 230　층꽃나무
- 232　자작나무
- 236　서양딱총나무 '블랙 레이스'
- 238　미국붉나무 '타이거 아이즈'
- 240　용버들
- 242　귀룽나무
- 244　눈주목
- 246　수국
- 248　노각나무
- 250　애기말발도리
- 252　털설구화 '라나스'
- 256　풍년화
- 258　개회나무
- 260　쥐똥나무

봄 Spring

살비아 네모로사 '카라도나' *Salvia nemorosa* 'Caradonna'
별정향풀 '스톰 클라우드' *Amsonia tabernaemontana* 'Storm Cloud'
네페타 라케모사 '워커스 로' *Nepeta racemosa* 'Walker's low'
오리엔탈양귀비 '헬렌 엘리자베스' *Papaver orientale* 'Helen Elizabeth'
헬레보루스 오리엔탈리스 *Helleborus orientalis*
브루네라 마크로필라 '잭 프로스트' *Brunnera macrophylla* 'Jack Frost'
금낭화 *Dicentra spectabilis*
플록스 디바리카타 *Phlox divaricata*
매발톱 '화이트 스타' *Aquilegia* 'White Star'
페르시카리아 비스토르타 '스페르바' *Persicaria bistrota* 'Superba'
게움 '미세스 제이 브래드쇼' *Geum* 'Mrs. J Bradshaw'
뱀무 *Geum*
알케밀라 몰리스 *Alchemilla mollis*
큰꽃삼지구엽초 *Epimedium grandiflorum*
아스트란티아 *Astrantia*
올라야 그란디플로라 *Orlaya Grandiflora*
디안투스 크루엔투스 *Dianthus cruentus*
길레니아 트리폴리아타 *Gillenia trifoliata*
램스이어 *Stachys byzantina*
뿌리속단 *Phlomis tuberosa*
아이리스 *Iris × germanica, I. sibirica, I. ensata*
멘지스오이풀 *Sanguisorba menziesii*
우단동자꽃 *Lychnis coronaria*
할미꽃 *Pulsatilla koreana*
밥티시아 아우스트랄리스 미노르 *Baptisia australis* var. *minor*
숙근제라늄 [로잔] *Geranium* ROZANNE 'Gerwat'

H	4~8
↕	30~60cm
↔	30~60cm
❀	늦봄
☀	양지
💧	건조~보통

살비아 '카라도나'

살비아 네모로사 '카라도나' 1
Salvia nemorosa 'Caradonna'

'업은 애기 3년 찾았던' 식물이다.

　유독 성정이 착한 살비아 10여 포기가 암석가든에서 자라고 있었다. 정확한 품종을 모르고 샀지만, 이 아이가 그 유명한 피트 아우돌프Peat Oudolf의 뮤즈 '카라도나'라고는 상상하지 못했다. 10년 전만 해도 품종을 알고 파는 이도, 알고 키우는 이도 별로 없었기 때문에 구입한 살비아 모종 30개 안에 서너 가지의 품종이 섞여 있는 일은 다반사였다. 그런데 그 속에 '카라도나'가 섞여 있었던 것이다.

　여기저기 자료를 뒤져 보아도 '카라도나' 같기는 한데 누구에게도 '카라도나'라는 동의를 받은 적이 없었으므로 '카라도나'라고 할 수도 없었다. 이런 상황에서 불로초를 찾아 헤매는 진시황처럼 이 아이를 찾아다녔다. 그리고 막 수입된 '카라도나' 진품을 구할 즈음, 내 정원에 있는 이 식물이 내가 찾던 아이라는 사실을 알게 되었다. 그렇다고 해서 남북 이산가족 찾기에서 가족을 만났을 때처럼 극적인 환희는 없었다. 아마도 내 마음속에서 이 아이는 이미 '카라도나'였던 모양이다.

　이 식물이 유독 눈에 띄었던 이유가 있다. 몇 년을 키우는 동안 한 번도 쓰러져 본 적이 없는 적정한 키, 한 달을 훌쩍 넘기는 긴 개화 기간, 꽃이 지고 나서도 형태를 유지하는 꼿꼿함, 그리고 진한 보랏빛이 도는 고급스러운 줄기! 아들 가진 집에 선뜻 며느리로 소개해도 괜찮을 것 같은 아이였다. 허브 대부분이 그렇듯 이 식물도 이파리에서 향기가 난다. 봄이 끝나갈 무렵, 4주 정도 내 마음이 흡족할 정도로 풍성하게 꽃을 피워 준다. 그러고 나면 데드헤딩deadheading, 시든 꽃을 잘라 주는 일을 해 주는데, 그 이후로 여름까지 간간이 꽃을 보여 준다. 자연 발아가 잘되어 가끔은 성가시기도 하지만 그 정도의 수고는 충분히 감내하게 하는 식물이다. 지나친 자연 발아를 막으려면 개화가 끝나고 씨가 여물기 전에 반 정도 잘라 준다. 이렇게 하면 새롭게 올라오는 상큼한 이파리로 남은 생육기를 보내는 '카라도나'를 볼 수 있다.

실버와 보라의 조합을 지극히 사랑한다. 하지 만 6년째 같은 풍경을 마주하다 보니 매년 변화를 주고 싶어 불쑥불쑥 방정을 떨게 된다.

'카라도나'와 단짝인 아스트란티아는 한두 살까지는 짙 섞여 깄다. 하지만 세 살이 되면 식물 대부분이 그렇듯 z-자의 영역을 충분히 확보해 주어야 한다.

H	4~9
↕	60~90cm
↔	60~90cm
	중간봄
☼	양지/반음지
⬭	보통

정향초

별정향풀 '스톰 클라우드'

Amsonia tabernaemontana 'Storm Cloud'

겨울이 긴 찍박골정원에서는 유난히 봄꽃이 그립다. 뉴스에서 흩날리는 여의도의 벚꽃을 보여 줄 때도 찍박골정원의 식물들은 여전히 겨울잠에 빠져 있다. 그 벚꽃이 다 지고 나서도 한참이 지난 후에야 이른 수선화가 드디어 자랑해도 좋을 만큼 가득 올라온다. 3~4주가량 수선화, 크로커스, 무스카리, 히아신스, 키오노독사 같은 구근식물들이 한바탕 놀다 가면 숙근초들이 꽃을 피우는 늦봄까지는 공연이 끝난 무대처럼 다시 정원이 침묵한다.

이 간극을 메워 주는 식물이 별정향풀이다.

'스톰 클라우드', '블루 아이스Blue Ice', 솔정향풀Amsonia hubrichtii 그리고 이름을 모르는 품종 하나. 이렇게 네 품종을 키우는데 개인적으로는 '스톰 클라우드'가 가장 화려하고 좋다. 많은 정원사가 가을에 노란 단풍이 드는 솔정향풀을 추천하지만, 구근식물의 계절이 끝난 이후 찾아오는 시간 간극을 메워 주는 공로 때문인지 나는 '스톰 클라우드'가 좋다. 물론 이 아이도 가을이면 잎에 노란색 단풍이 든다. 그런데 더욱 매력적인 것은 봄에 올라오는 검은색 줄기다. 까만 스타킹으로 멋을 낸 호리호리한 줄기 끝에 빈티지한 느낌의 파란색 꽃이 만발하면 대충 입어도 멋이 흐르는 '패셔니스타'를 보는 것 같다.

신비로운 검은색 줄기로 봄 정원을 치장해 주는 이 식물은 여름에 접어들면서 줄기가 점차 선명한 녹색으로 변하며, 가을이 되면 노란 이파리로 변해 '이브 몽땅'의 코트 깃을 생각나게 해 준다. 꽃이 지고 나면 지저분해지는 여느 식물들과 달리 가을까지 형태를 지키는 지조가 있어 자연주의 정원에 빠지지 않고 출연하며 고정 배역을 맡고 있는 것 같다.

내가 어려울 때 손 내밀어 주는 귀인처럼 정원이 허전할 때 꽃을 피워 주는 이 식물의 의리가 참 좋다. 월동이 잘되고, 고온 다습한 환경에 강하고, 가뭄에도 강하고, 병충해 없고, 데드헤딩도 필요 없다. 꽃이 지고 나서 반 정도 잘라 주면 적당한 키로 정원을 채워 주다가 가을이면 단풍이 들어 자칫 단조로워지는 가을 정원에 또 하나의 색을 맡아 주는 충직한 집사 같은 식물이다.

손길이 별로 필요하지 않은 '저관리형' 식물 1~2위를 다투는 식물이지만, 문제는 덩치가 커서 작은 정원에 심기에는 좀 버거울 수도 있다.

알리움 '퍼플 센세이션'을 특별히 좋아하지는 않지만, 별정향풀 '스톰 클라우드'와 개화기가 맞아서 매년 심고 있다

봄에만 볼 수 있는 '스톰 클라우드'의 까만 줄기가 아주 멋스럽다.

네페타, 캣민트, 개박하

네페타 라케모사 '워커스 로' 3
Nepeta racemosa 'Walker's low'

H	4~8
↕	60~90cm
↔	60~90cm
✿	늦봄
☀	양지
💧	건조~보통

참을성 좋은 종갓집 맏며느리같이 후덕한 느낌을 주는 아이다. 자연 발아한 어린 모종들을 한여름 뙤약볕에 대충 심어도, 개울가 자갈 섞인 투박한 흙에 심어도, 5년 넘게 분주 한 번 안 해 주어도 투덜거리지 않고 때가 되면 연보랏빛 꽃을 한복 치맛자락처럼 풍성하게 피워 낸다.

가뭄에도 강하고 장마에도 잘 견디지만 가장 좋은 점은 한 달 넘게 꽃을 피운 식물을 바닥까지 잘라 주면 다시 연한 싹을 소담스럽게 올려서 여름이 끝나갈 때까지 꽃대를 올려 준다는 것이다. 이렇게 다시 꽃을 피운 식물은 비어 있어야 할 자리에 보라색을 채워 주고, '쎈' 언니 같은 빨간 꽃 옆에서 넘치는 '텐션'을 진정시켜 주는 어른 역할도 톡톡히 한다. 보라색 꽃이 필요한 자리에 라벤더를 심었다가 월동도 어렵고 여름이면 이파리가 너무 추레하게 너덜거려 싹둑 잘라 내기를 반복하다 두어 해 실패하고 나서 대신 선택한 네페타가 닭 대신 꿩이 되었다.

초보 정원사였을 때 10센티미터 화분의 모종으로 10평도 되지 않는 정원에 50개를 심었다가 2년이 지나자 1미터 가까이 커진 네페타를 다시 뽑아 내느라 사투를 벌였는데, 덕분에 개울가에 보라색 진입로가 만들어졌다.

처음으로 낯선 땅 한국에 도착한 네팔의 스물두 살 어린 노동자 비핀Beepin이 척박한 개울가 자갈 땅으로 모두 옮겨 심어 주었다. 네페타 사이사이에 원추리 '스텔라 드 오로'*Hemerocallis* 'Stella De Oro'를 심어 보라색과 황금색의 보색 대비로 촌스러울 만큼 화려한 진입로를 만들었다. 파스텔 톤의 정원을 만드느라 거들떠보지도 않았던 노란색 꽃을 원 없이 심었다. 그리고 100미터 정도 이어지는 이 길에 '비핀의 꽃길'이라는 이름을 붙였다. 비핀은 5년의 계약 기간을 마치고 본국으로 돌아가 어여쁜 아가씨를 만나 결혼한 후 또다시 가장의 책임을 다하기 위해 한국으로 돌아왔다. 곧 한국에 올 아내와 함께 찍박골정원을 방문하면 '비핀의 꽃길'에 나란히 세워 놓고 아리따운 사진을 찍어 주리라. 그리고 나중에 한국이 기억 속의 나라가 되면 소중하게 꺼내 볼 수 있도록 좋은 마음과 좋은 풍경을 듬뿍 담아 주리라.

모나르다 '버블검 블라스트'의 선명한 분홍빛 꽃이 피기 시작하면 네페타는 서서히 기운을 잃고 뒷전으로 물러나 한가로운 백수생활을 즐긴다. 너무 애쓰지 않고 할 수 있는 만큼만 늦여름까지 꽃대를 올린다.

'비핀의 꽃길'이라 이름 붙인 개울가의 보라색 진입로. 네페타꽃이 피어나면 드디어 '꽃잔치'가 시작된다는 신호다

네페타꽃이 지고 나서 바짝 잘라 주면 다시 보들보들한 새싹이 찐빵처럼 올라와서는 게으르게 꽃을 피워 낸다.

H	3~9
↕	60~75cm
↔	30~60cm
✿	늦봄
☀	양지
◊	건조~보통

숙근양귀비

오리엔탈양귀비 '헬렌 엘리자베스'
Papaver orientale 'Helen Elizabeth'

'퀸카'라 불렸을 정도로 키도 크고 날씬하고 예쁜 언니 두 명이 있다. 그런데 그 잘난 언니들은 빛나는 외모와는 달리 정리정돈에는 젬병이었다. 책상 위, 피아노 위, 의자 위 할 것 없이 무언가 얹어 놓을 수 있는 곳마다 옷가지들이 수북하게 쌓여 있었다. '눈물의 땡처리'에서나 보았을 법한 풍경이 만들어졌다. 언제 입었는지도 모르는 여름옷은 바닥에 깔려 있고, 엊그제 입었던 셔츠는 위쪽에 자리 잡고 있는, 그런 식이었다. 그 '옷 무덤' 속에서 쓱 셔츠 한 장 꺼내서 툴툴 털어 청바지에 쏙 집어넣고 나설라치면 '퀸카' 맞네, 싶을 만큼 멋이 났다. 오리엔탈양귀비는 내게 그런 꽃이다.

오리엔탈양귀비는 늦봄이 시작되면 '퀸카' 같은 얼굴로 주변의 모든 꽃들을 제압한다. 속살이 비치는 꽃잎에 핑크색도 아니고 오렌지색도 아닌 살구색 꽃들이 선녀의 옷자락처럼 하늘거린다. 주연보다 빛이 나는 꽃망울도 빠뜨릴 수 없는 매력 요소다. 선녀의 보디가드처럼 늘 선녀 곁에 붙어 있지만, 때로는 선녀보다 카메라를 더 많이, 더 가까이 끌어들인다. 모든 이들의 찬사를 받고, 카메라 세례를 받고, 씨를 요청하는 팬들의 아우성을 보면 마치 "아파트, 아파트"를 사랑스럽게 질러 대는 로제를 보는 것 같다.

그러나 이 화려하고 사랑스러운 양귀비의 앙큼한 뒷모습을 아는 이는 많지 않을 것이다. 꽃은 1주일 남짓 핀다. 개화 기간이 너무 짧은 것도 흠이지만, 이것보다 더 남사스러운 일은 꽃이 지고 나면 이파리가 땅바닥에 사방으로 널브러져 버린다는 점이다. 시체처럼 늘어지는 이파리를 세워 보겠다고 지지대를 설치하고 이파리를 정리하는 등 애를 썼지만, 이 아이가 고온의 더위를 싫어해서 여름에는 휴면에 들어간다는 사실을 알고 나서는 그냥 잘라 버렸다. 그래서 가장 뒷줄에 심어 준다. 그러면 앞 꽃들에 가려 이 눈꼴 사나운 속내를 감출 수 있다. 자연주의 정원의 '대왕마마' 피트 아우돌프가 했던 "죽은 뒤에도 아름다운 식물이 진정 아름다운 것이다"라는 말에 정면으로 도전하는 식물이다.

꽃이 필 때는 '역시 정원은 화려함으로 승부해야 해!' 하다 가도, 꽃이 질 때는 '기어이 금년에는 뽑아 내리라' 한다. 거의 5~6년째 반복되는 레토릭이다. 타이슨의 주먹처럼 쇼킹한 한 방이 있어 아직도 부여안고 놓지 못하는 꽃이다.

모양도 질감도 색상도 꽃으로만 치자면 최고의 자리에 올라야
하지만, 식물도 사람처럼 겉모습만으로 판단하기에는 무리가 있다.

1주일 남짓 꽃이 피어 있지만, 꽃망울과 껍질을 모자처럼 올려 쓴 유치원생 같은 모습까지 모두 꽃으로 인정해 주고 있다.

화이트 가든에서 살고있는 오리엔탈양귀비 '스노구스Snow Goose'

H	3~9
↕	30~60cm
↔	30~60cm
✿	중간봄
☀	반음지
💧	건조~보통

사순절장미, 크리스마스로즈

헬레보루스 오리엔탈리스 5
Helleborus orientalis

이른 봄, 영국의 어느 정원에서 처음으로 만났던 헬레보루스는 수백 년은 되어 보이는 우람한 나무를 지붕 삼아 김장배추보다도 더 크게 자라 수십 개의 꽃봉오리를 달고 있었다. 올망졸망한 봄꽃들 사이에서 덩치 큰 우량아처럼 앉아 있는 모습이었다.

찍박골정원에 이 식물을 들인 지 6년이 지났지만, 내가 기대했던 풍성함은 보여 주지 않았다. 6년이면 이미 분주를 두어 번은 했어야 하는데, 매년 김장배추가 아닌 얼갈이 배추 같은 초라한 성적표였다. 꽃대도 긴 사슴 목처럼 쭉 올라오지 않고, 거북 목처럼 이파리에 바짝 달라붙은 채 핀다. 어느 해 겨울, 눈이 많이 내려서 포근한 솜이불처럼 땅을 덮은 후의 봄에는 그동안 보았던 어느 해의 꽃보다 풍성하게 피었다. 아마 이 식물이 풍성하게 자라기에 우리나라의 겨울은 너무 춥고, 너무 건조한 것 같다.

베이지색, 인디언핑크색, 딱히 무슨 색이라고 말하기는 어렵지만, 어떤 색도 채도가 높지 않다. 내가 좋아하는 튀지 않는 중간색이지만 정원에서는 그다지 환영 받지 못한다. 화사한 정원에 들어앉기에는 좀 칙칙한 색이다. 게다가 겨울이 따뜻한 유럽처럼 풍성하게 자라지도 않고, 키도 크게 자라지 않기 때문에 더욱 눈에 띄지 않는다. 그래서 환한 노란색 꽃이 피는 수선화와 섞어 심는다. 그러면 한결 도드라져 보일 뿐 아니라 두세 가지의 식물을 섞어 심는 것을 좋아하는 정원 주인의 취향에도 잘 맞기 때문이다.

한 가지 불만은 이 꽃은 마치 첫날밤을 맞이한 신부처럼 고개를 숙이고 있다는 점이다. 무릎을 꿇고 머리를 땅바닥까지 숙여야 비로소 얼굴을 볼 수 있고 사진을 찍을 수 있다. 가끔은 마음이 좀 언짢다.

그럼에도 여름이 되면 마음이 모두 풀어진다. 빈약한 봄꽃으로 시작하지만 여름을 지나면서 다섯 가닥으로 갈라진 이파리가 풍성하게 자라서 둥근 잎의 알케밀라*Alchemilla*나 브루네라*Brunnera*와 섞어 주기에 좋다. 숲정원의 하부 식재 식물로 제격이다.

'크리스마스로즈*H. niger*'로 알고 있었던 이 식물은 실은 사이즈와 개화기가 약간 다른 '사순절장미*H. orientalis*'였다. 하지만 이미 크리스마스로즈라는 이름에 익숙해져 있으니 나에게는 여전히 '크리스마스로즈'인 것이다!

우리나라에서 유통되는 '크리스마스로즈'는 대부분 추운 초봄에 꽃을 피우는 헬레보루스 니게르가 아닌 중간쯤 무렵에 꽃이 피는 '사순절장미'다. 아무렴 어떠하랴! 땅꼬마처럼 자라도 탄갑기단 하다.

여름을 거치면서 마음껏 크기를 키운다. 하지만 겨울을 지나고 나면 다시 병석에서 일어난 환자처럼 핼쑥한 모습이라 봄에는 항상 안쓰러운 마음이다.

화사한 봄어 어울리지는 않지만 빈티지한 꽃 색깔이 아주 고급스럽다.

Ⓗ	3~8
↕	30~60cm
↔	30~60cm
✿	중간봄
☀	반음지/음지
◊	보통

브루네라

브루네라 마크로필라 '잭 프로스트' 6
Brunnera macrophylla 'Jack Frost'

오랫동안 찾아다니다가 구한 식물이라 손자에게 줄 알사탕을 손수건에 꽁꽁 싸맨 할머니 같은 마음으로 맞이했다. 하지만 강한 햇살을 견디지 못하는 이 식물의 습성 탓에 반음지를 찾아 정원의 중심이 아닌 구석에 심어 두고 혼자 보는 꽃이 되었다. 찬 기운이 가시는 봄이 되면 형광 빛이 도는 자잘한 파란색 꽃이 마치 하얀 눈을 배경으로 빛을 내는 파란 꼬마전구처럼 반짝인다. 보기만 하면 누구라도 사랑에 빠져 버릴 만큼 아름답다. 하지만 왕성하게 자라기 시작하는 주변 숙근초들이 가리고 있어 꽃구경 길에서는 보이지 않았다. 항상 '저 아이의 푸른빛을 좀 보세요'라고 말할 때만 빛이 나던 식물이었다.

나무를 심어 숲정원을 만들고 한낮에도 땡볕을 피할 수 있도록 정원을 리모델링 하면서 브루네라는 정원의 중심부로 나오게 되었다. 그동안 키우던 품종은 '잭 프로스트'였는데, 최근 '알렉산더스 그레이트Alexander's Great'를 들였다. 이파리가 얼마나 큰지 거의 호박잎만 하다. '잭 프로스트'를 10개 심어야 한다면 '알렉산더스 그레이트'는 대여섯 개만 심어도 될 것 같았다. 하지만 '가성비'가 장점인 '알렉산더스 그레이트'는 아직 낯설다. 동양인 사이에 섞여 있는 덩치 큰 서양인처럼.

브루네라의 가장 큰 매력은 섬세한 잎맥이 그대로 드러나는 은빛 무늬의 이파리다. 새순이 올라오는 순간부터 가을까지, 정원에 은은한 존재감을 더해 준다. 원래 습한 환경을 좋아하기 때문에 장마철에도 멀쩡하고, 커다란 이파리가 겹겹이 자라나서 토양을 덮어 잡초를 막는 데도 도움이 된다. 유일하게 손길이 필요한 부분은 꽃이 진 후 꽃대를 잘라 주는 일이다. 자잘한 꽃을 피웠던 줄기의 이파리가 여름을 지나면서 까맣게 시들어 버리기 때문이다. 식물 자체는 쓰러짐 없이 단정함을 유지하는 야무진 식물이다.

대표적인 반음지 식물인 호스타*Hosta*가 너무 식상하게 느껴진다면 브루네라는 훌륭한 대안이 될 수 있다. 물론 '호스타 대신'이라는 말은 브루네라가 들으면 살짝 서운할 수도 있다. 호스타가 오랜 시간 사랑받으며 자리를 지켜 온 국민 식물이라면, 브루네라는 이제 막 등장한 신예, 그러나 눈에 띄게 가능성이 보이는 전도양양한 신생 벤처 기업 같다.

점점이 물감을 흩뿌린듯 사방에서 꽃을 피우기 때문에 굳이 애쓰지 않아도 늘 '아웃 포커싱' 된 사진이 찍힌다.

꽃이 지고 나서도 늦여름까지 이파리가 정원에서 '열일'을 한다. 이 청량감을 무엇으로 대신할 수 있을까!

수선화꽃이 지고 난 숲정원에 브루네라꽃이 피어났다. 봄 내내 이 정원에서 헤어 나올 수가 없었다.

금낭화

금낭화 <u>7</u>

Dicentra spectabilis

H	3~9
↕	60~90cm
↔	45~75cm
	중간봄
☀	양지/반음지
💧	보통

토종식물을 정원에 들이는 것을 좋아하지 않는다. 마트에서 파는 식재료 대부분이 개량종인 것처럼 찍박골정원에도 정원용으로 육종된 원예종이 대부분이다. 토종 옥수수나 토종 대파가 맛도 향도 더 풍부하지만 재배의 편의성이나 수확량을 생각하면, 그리고 주변에서 쉽게 구할 수 있는 접근성으로 보자면 재배종이 월등하게 우수하다. 초화류도 정원을 아름답게 꾸밀 수 있게 육종된 원예종들이 정원에서 맡은 소임을 다하기가 더 좋다. 내병성·내한성도 높고, 개화기가 더 길며, 덜 쓰러진다. 또 다양한 색상의 꽃이 더 풍성하고 화려하게 피어나며, 이파리에 색상이 있는 경우도 많다.

하지만 원예종들을 제치고 존재감을 뽐내는 토착종들이 있다. 그중 하나가 바로 금낭화다. 어떤 화려한 원예종도 시골집 울타리 밑에서 눈부시게 자라는 금낭화를 제칠 수 없다. 소싯적 등산을 다닐 때 컹컹거리는 소리가 들리면 마을이 가까워졌다는 신호였다. 그렇게 마을에 들어서면 붉은빛이 감도는 핑크색 주머니 꽃들이 조롱조롱 매달린 금낭화가 정원의 여기저기에서 피어나고 있었다. 소박한 시골 풍경이라기에는 너무 화사한 꽃이었다.

별 모양, 트럼펫 모양, 장미 모양, 기다란 스파이크 모양 등, 꽃의 모양은 매우 다양하지만 금낭화는 어디에도 속하지 않는 자유로운 아웃사이더 같다. 미역취가 찢어진 청바지를 입은 청년의 자유로움이라면 금낭화는 소박한 시골집 처자의 순박한 자유로움 같다. 주머니같이 생긴 꽃 하나하나도 독특하지만, 주머니가 줄줄이 맺혀서 둥그렇게 떨어지는 곡선의 줄기도 예술이다.

금낭화는 봄이 한창일 때, 촉촉한 반음지 땅에서 자라난다. 반음지에서 자라는 금낭화는 한낮에도 짱짱하게 색깔을 유지하지만, 양지에서 자라는 아이들은 색 바랜 분홍색을 띤다. 그러나 성장에는 문제가 없다. 금낭화는 덥고 습한 여름을 싫어해서 여름 동안 잠을 자 버린다. 그래서 꽃이 지고 나서 이파리가 시들고 볼품이 없어지면 바닥까지 바짝 잘라 준다. 그러면 없어진 듯 보이지만 다음 해 봄이 되면 더 풍성해진 모습으로 나타난다. 여름 꽃에 공간을 내주고 사라진다. 때를 알고 떠나는 현자 같다.

흰색 금낭화는 깍쟁이 같다. 수년을 키워도 자연 발아 하는 개체를 찾기 어렵다.

흰색과 노란색 수선화의 조합이 심심해서 분홍색 금낭화를 섞었다. 꽃들의 세계에서는 노랑과 분홍도 전혀 촌스러워 보이지 않는 것이 신기하다.

차가플록스, 향플록스

플록스 디바리카타 8
Phlox divaricata

H	4~8
↕	30~40cm
↔	30~70cm
❀	중간봄
☀	양지/반음지
💧	보통

'차가플록스' 혹은 '향플록스'라는 이름으로 유통되는 이 식물의 학명은 '플록스 디바리카타'다. 향기가 있으니 향플록스라는 이름에는 고개가 끄덕여지지만, 왜 차가플록스가 되었는지는 모르겠다. 어쨌거나 봄마다 빠지지 않고 '봄이 왔어요'라고 인사를 건네는 식물이다. 신실하게 한 해도 거르지 않고, 밝고 찬란하게 봄인사를 한다. 맞절이라도 하고 싶은 심정이다.

'숲플록스woodland phlox'라 불릴 만큼 숲속과 개울을 따라서 자라는 식물이다. 따라서 반음지의 습하고 비옥한 토양을 좋아하지만, 웬만한 마른 토양에서도 지치지 않고 살아간다. 봄에 꽃을 피우는 식물이라 여름이 되면 덩치 큰 화려함을 자랑하는 꽃그늘 속으로 들어가게 되지만, 오히려 이 아이에게는 이상적인 환경이 된다. 꽃 모양이 비슷한 꽃잔디가 그늘에서 생육 상태가 나빠지는 것에 반해 이 플록스는 반음지가 오히려 살기 좋은 환경이 된다.

원래 흰색, 연보라색, 보라색 꽃이 피는 플록스 디바리카타를 섞어 심었다. 그리고 화이트 가든에는 흰색 꽃이 피는 아이들로만 골라서 심었는데, 해가 지날수록 자꾸 보라색으로 변한다. 나는 심은 적이 없는 보라색이 여기저기서 불쑥불쑥 올라온다. 원래 보라색으로 태어난 모양이다. 원예종 식물들은 시간이 지나면 원래의 상태로 돌아가는 경우가 종종 나타난다. 살구색 꽃이 피는 코레옵시스Coreopsis도 해가 갈수록 자꾸 노란색 꽃이 나온다. 어쨌든 화이트 가든은 '화이트'여야 한다는 숙명 때문에 보라색 꽃이 피는 식물은 뽑아 내고 있다. 누가 어디에 심어도 잘 자라는 '씩씩함' 때문에 2~3년마다 개체 수를 줄여 주는 정도의 잔손질은 필요하다. 귀찮다기보다 '누구한테 나눔을 할까?' 하는 생각에 행복해지는 순간이다.

플록스 대부분이 그러하듯 이 식물도 흰가루병에 취약하다. 다행히 꽃은 봄에 피고 시들기에, 개화 후 바짝 잘라 주면 병 없이 가을까지 깨끗하게 자란다. 알리움 '퍼플 센세이션Purple Sensation'이나 금낭화, 혹은 매발톱과 함께 심으면 황홀한 봄 정원을 만들 수 있다.

성장세가 좋아 심은 지 1년만에 '꽃잔치'를 할 수 있을 만큼 풍성하게 자란다.

기후변화로 여름이 더욱 혹독하게 더워지지만, 그 속에서도 장하게 살아 내는 모습을 보면 마음이 짠하다.

플록스 디바리카타는 원종의 꽃이 보라색인 모양이다. 해가 갈수록 흰색 꽃이 보라색 꽃으로 변해 간다.

매발톱

매발톱 '화이트 스타' 9

Aquilegia 'White Star'

H	4~9
↕	30~90cm
↔	30~60cm
❀	중간봄
☀	양지/반음지
💧	보통

매발톱 하면 '바람둥이' 말고는 다른 말이 잘 떠오르지 않는다. 어여쁜 식물에게 이런 표현을 쓰는 것이 외설스럽기도 하지만, 이 아이는 교잡이 심하다. 분홍색 꽃은 다음 해에 검은빛이 도는 보라색 꽃으로 피어나고, 보라색 꽃은 다음 해가 되면 검은빛이 나는 짙은 갈색 꽃으로 피어난다. 해가 갈수록 분홍색은 사라지고 정원이 점점 '블랙'으로 변해서 화사함 대신 칙칙함이 자리 잡는다. 때로는 같은 뿌리에서 분홍색과 보라색 꽃이 함께 피기도 한다. 본처와 후처가 한집에서 사는 것 같은 야릇한 기분이 든다.

작년에 어찌 들어왔는지 알 수 없는 하얀색 꽃의 매발톱이 나타났다. 아마 '화이트 스타'라는 품종 같다. 그 청초함이 소설 '소나기'에 나오는 얼굴 하얀 서울 소녀 같아서 씨를 받아 모종을 만들었다. 또 속는 한이 있어도 이 아이는 반드시 내 정원에 들여야겠다 싶을 만큼 매력적이었다. 매년 봄마다 이 서울 소녀를 만나기 위해서는 교잡에 대비해 매년 모종을 만들고, 매년 새롭게 심어 주어야 할지도 모른다. 그 불편함을 감내하면서까지 이 아이와 동거를 해야 하나 싶지만 지금 마음은 그렇다. 작년에도 금년에도 흰색 꽃이 피었다. 혹시 교잡이 없는 품종인가?

자연주의 정원에서 매발톱을 쉽게 선택하지 못하는 이유는 어쩌면 그 식물을 믿지 못하기 때문일 것이다. 숙근초라면 해마다 그 자리에서 다시 같은 꽃이 피어나야 한다는 것이 정원사와 식물 사이의 암묵적 약속 아닌가? 하지만 매발톱은 한해살이·두해살이풀은 아니어도, 흔히 말하는 '짧게 사는 여러해살이풀short-lived perennial'이다. 3년인지, 4년인지, 혹은 5년인지 정확한 수명은 알 수 없지만, 어쨌든 그리 오래 머무르지 않는다.

처음 심은 해에는 겨우 자리를 잡고, 다음 해에는 꽃을 피우며 존재감을 드러낸다. 그리고 이제 좀 풍성해졌구나 싶을 즈음, 어느 해 갑자기 모습을 감춘다. 그 자리에 올라와야 할 매발톱은 보이지 않고, 대신 여기저기에서 작은 모종들이 슬며시 얼굴을 내민다. 아무 말도 없이 사라져 버리는 모습은 마치 인사 한마디 없이 책상 비우고 떠난 직원처럼, 섭섭하고도 원망스럽다.

어쩌다 복덩이 업둥이가 들어온 것 같다. 교잡 없이 청초한 하얀색 꽃을 계속 정원에 남기기 위해서 다른 모든 매발톱을 없애 줄 생각이다.

흰색과 마찬가지로 '업둥이'다. 워낙 교잡이 잘 일어나는 식물이라 아쉽게도 흰색만 남기기로 했다.

여뀌 '수퍼바'

페르시카리아 비스토르타 '수페르바' 10
Persicaria bistrota 'Superba'

H	3~7
↕	60~90cm
↔	50~90cm
✿	늦봄
☀	양지/반음지
○	보통~습윤

구하기가 쉽지 않아 '위시 리스트'에만 들어 있던 식물이었는데, 심은 지 만 3년이 되어 간다. 아직 풍성해지지도 않았는데 풍경을 만들어 내는 실력이 선수급이다. 그런데 내 눈에는 풍성하게 꽃대가 올라온 성숙한 개체의 모습보다 성기게 올라오는 2년 차 식물이 더 매력적으로 보인다. 다른 꽃들과 잘 섞여서 그런 것 같다. 뿌리로 번져 나가는 식물이라 군락을 이루어 꽃대를 올리기 시작하면 너무 빽빽해질 것이고, 그러면 다른 식물과 잘 섞일 수 있을까 우려가 되기도 한다.

원래 촉촉한 물가나 산속 반음지의 비옥한 토양에서 자라던 식물이다. 그래서 건조한 토양에서는 생육이 좋지 못하다. 그러나 반음지 식물 대부분이 그러하듯 뿌리를 마르지 않게 해 주면 양지에서도 잘 자란다. 그래도 싱싱함이나 생육 상태 면에서는 반음지만 못한 것이 사실이다. 성장도 느리고, 몹시 더운 한여름에는 이파리가 마르는 등 고생스러운 나날을 견뎌야 한다.

찍박골정원에서는 양지에 심었다. 2024년 여름처럼 거의 40도에 육박하는 땡볕 아래서도 버텨 냈다. 물론 이파리가 살짝 타들어 가기는 했지만, 아스틸베*Astilbe*만큼 죽는 시늉까지는 하지 않았다. 아스틸베가 손가락에 가시만 찔려도 아프다고 엄살을 부리는 아이라면 여뀌는 좀 점잖다. 끙끙거리기는 하지만 징징대지 않는 묵직함이 있다. 반음지로 옮겨 줄까, 고민스럽기는 했지만 그대로 놔두기로 했다. 반음지에서 활개를 치면 단시간 내에 군락을 이룰 것이고, 꽃대도 빽빽하게 올릴 것이다. 하지만 그것보다는 헤성헤성하게 올라와서 뱀무*Geum*나 살비아 네모로사 '카라도나'와 어우러지는 모습이 더 아름답다.

나는 여러 식물을 조화롭게 배치해서 풍경을 만들어 내는 것을 좋아한다. 식물 하나하나의 아름다움보다는 어우러져서 명화 같은 장면을 만들어 내는 일이 좋다. 그러다 보니 반음지에서 잘 자라는 여뀌도 그냥 양지에서 적당히 자라서 적당한 꽃대를 올려 주면 좋겠다. 다닥다닥 꽃을 매다는 산철쭉 말고, 진달래처럼 여백을 두는 모양새면 좋겠다.

요즘은 젊은 시절의 열정과는 달리 적당히 힘을 뺀 '여백'이 좋다. 공간의 여백, 마음의 여백, 시간의 여백, 관계의 여백, 생각의 여백!

한 살이나 두 살 때는 성숙한 개체가 되기 전이라 여러 식물들이 서로 잘 섞인다. 이대로 더 이상 자라지 않으면 좋겠다.

여름을 견디는 내서성이 약한 편이라 양지에서는 생육기 활발하지 못하다. 아무래도 반음지로 옮겨 주어야 할 것 같다.

뱀무 '미세스'

게움 '미세스 제이 브래드쇼' 11
Geum 'Mrs. J. Bradshaw'

H	5~9
↕	60~75cm
↔	30~45cm
✿	늦봄
☀	양지/반음지
💧	보통~습윤

뱀무는 최근에 키운 식물 중에서 봄꽃으로 가장 많이 추천하는 식물이다. 관리가 거의 필요하지 않은 데다가 거의 6주 넘게 꽃을 피운다. 키우기 쉽고, 개화기 길고, 구하기 쉽고, 가격이 저렴한 '미세스 제이 브래드쇼'를 추천하는 이유다.

그동안 다섯 종류의 뱀무를 경험해 보았는데, 건조나 습윤 중에 선택해야 한다면 습윤 쪽에 가깝다. 에키나시아*Echinacea*처럼 땅이 바짝 말라도 군소리 없는 스타일은 아니다. 그래서 요즘 원예계의 핫 이슈인 고온 다습한 여름에 강하다. 개화 시기는 약간씩 다르고, 꽃이 피어 있는 기간도 다르고, 꽃 크기도 다르다. 저마다의 특징은 다르지만 생육 조건은 비슷하다.

또 10개를 심으면 네다섯 포기만 살아나는 품종도 있고, 10개 심으면 10개 모두 튼실하게 자라나는 품종도 있다. 그래서 최종적으로 낙점한 우승자가 (물론 심사는 나 혼자 했다!) 바로 '미세스 제이 브래드쇼'다. 심사 기준은 게으른 가드너에게 적합한 키우기 편한 식물인지 아닌지를 보았다.

뱀무를 멋진 정원식물로 꼽는 이유 중 또 다른 하나는 이파리 때문이다. 겹겹이 풍성하게 자라나는 이파리는 꽃이 지고 난 이후에도 싱싱하게 버텨 주어서 굳이 자르지 않아도 된다. 게다가 이파리만으로도 관상 효과가 충분하다. 이파리를 감상하는 식물의 대표격인 호스타에 비해 질감과 형태감이 떨어지지 않는다. 더 좋은 점은 풍성한 이파리가 땅을 덮어 버리기 때문에 잡초가 자라나지 못한다. 뱀무를 주문한 어느 블로그 이웃님이 '꽃은 안 오고 열무가 왔어요'라고 할 만큼 열무 이파리를 닮았지만 꽃은 빨강 캉캉치마처럼 화려하다.

우리나라 도로의 자동차를 보면 80~90퍼센트가 흰색 아니면 검정색 차량이다. 빨간색 차는 1주일 내내 다녀야 한 대를 보기 어렵다. 우리나라 사람들의 정서인 것 같다. 그러다 보니 정원에도 빨간색 꽃 들이기를 주저한다. 물론 찍박골 정원에도 초기 10년 정도는 빨간색 꽃이 없었다. 그러나 요즘은 나이가 들어야 예뻐 보인다는 빨간색 꽃 예찬론자가 되었다. 파스텔 톤의 정원이 우아하고 지적인 느낌을 주기는 하지만, 계절마다 보고 있자면 지루한 면도 분명 있다. 하얀 도미찜 위에 장식된 빨간 실고추처럼 맛깔스럽고 보기에도 상큼한 고명으로 뱀무 '미세스 제이 브래드쇼' 만한 정원식물이 또 있을까?

뱀무같은 화려한 꽃이 좋아지는 나이! 빨강이 좋아지는 나이 !

봄 *Spring*

유난히 추웠던 봄을 지나면서 뱀무가 냉해를 입었다. 작년만큼 풍성하게 꽃을 피우지는 못했지만, 대신 이웃하고 있는 토종 동자꽃이 꽃을 잘 피워 주어서 무사히 봄을 넘겼다.

열무잎이로·해도 깜빡 속아 넘어갈 것 같은 뱀무의 이파리는 한여름에도 빽빽하게 땅을 덮어 잡초를 막아 준다.

뱀무

뱀무 12

Geum

H	5~9
↕	30~45cm
↔	45~60cm
✿	중간봄~늦봄
☀	양지/반음지
💧	보통~습윤

한때 아스트란티아Astrantia를 사랑했던 것만큼 요즘은 뱀무를 사랑한다. 내가 사랑한다는 의미는 꽃이 별나게 아름답다거나, 향이 별나게 좋다거나, 식물 전체의 형태가 별나게 특별하다는 의미가 아니다. 그저 가드닝을 수월하게 해 주고, 내가 원하는 정원 풍경을 만들어 준다는 뜻이다.

요즘은 특별하게 갖고 싶은 품종이나 식물이 없다. 사실 더 새롭고, 더 아름다운 품종이 별 의미가 없다는 생각이 든다. 애타게 갖고 싶었던 식물이 지금은 대부분 내 정원 안에서 잘 자라고 있고, 크건 작건 제 몫을 해내고 있다. 지금부터는 '관리의 문제'라는 것이 내 결론이다. 식물이 잘 자랄 수 있는 환경을 만들어 건강하게 클 수 있게 도와주고, 시든 꽃은 잘라 주고, 때가 되면 분주를 해 주는 등의 관리의 문제가 가드닝의 거의 모든 것이라는 생각이다. 그래서 지금은 가드닝을 쉽게 할 수 있도록 도와주고 멋진 풍경을 만드는 데 도움을 주는 식물이 중요하다. 그런 관점에서 뱀무는 아주 좋은 옵션이라고 생각한다.

내 정원에서 자라고 있는 뱀무는 다섯 종류나 된다. 1~2주 정도 개화 시기의 차이는 있지만, 대체로 수선화꽃이 지면서 피어난다. 그리고 온순하다. 토양을 너무 건조하게만 만들지 않으면 꽃뿐만 아니라 이파리만으로도 봄부터 가을까지 볼거리를 제공해 준다.

'테일스 오브 헥스Tales of Hex'는 고개를 살짝 떨군 계란색 꽃망울이 매력적이고, 살비아 네모로사 '카라도나'와 보색 대비를 이루며 어울리는 '프린세스 줄리아나Princess Juliana'는 상큼한 오렌지 색상이 가슴을 뛰게 하며, '마이 타이Mai Tai'는 지나칠 때마다 내 옷자락을 잡아 끄는 힘이 남다르다. 매일 똑같은 모습인데, 그냥 지나치게 놔두지 않는 맛이 있다. 그리고 템포 시리즈의 '로즈Rose'는 아직 만 3년이 되지 않아 판단하기에는 좀 이른 감이 있지만 빈티지한 느낌의 핑크색이 마음에 든다. 품종 각각의 매력 포인트는 다르지만 뱀무의 최고 매력은 키우기 쉽고 손이 많이 가지 않는다는 점이다. 월동, 긴 장마를 견디는 힘, 병충해, 쓰러짐, 공격적 번식력 등 어느 면에서도 감점이 없다. 게다가 3~5주 정도로 개화기도 길다.

고개를 살짝 떨군 모습이 일품인 '테일스 오브 헥스'

살비아 '카라도나'와 흩이 좋은 뱀무 '드린세스 줄리아나'.

뱀무에 눈을 번쩍 뜨게 해 준 '마이 타이'.

H	3~8
↕	30~45cm
↔	45~60cm
✿	늦봄
☀	양지/반음지
◊	보통

알케밀라

알케밀라 몰리스 13
Alchemilla mollis

영국으로 가든 투어를 갔을 때 가는 곳마다 만났던 식물이다. 정원이나 산책로 가장자리, 계단 사이사이, 연못 둘레, 숲길 가장자리에 연둣빛이 도는 노란색 꽃이 구석구석에서 빛나고 있었다. 생각해 보니 이 식물은 정원 한가운데보다 정원을 마무리하기 위한 용도로 쓰이고 있었다. 반짝이는 주연이 아니라 구석구석을 메워 주는 조연 역할인 셈이다. 거나한 술자리가 끝나면 일일이 택시 잡고, 대리기사 불러 취객 하나하나 귀가시키는 회식 자리의 마무리 역할을 맡은 천사 같은 식물이었다.

워낙 그늘이 없었던 찍박골정원에는 마땅한 그늘 자리가 없어서 들이지 못하고 망설이기를 수년. 그러다가 그냥 양지에 심어 버렸는데, 그런대로 잘 자랐다. 봄에 꽃이 지고 나서 여름이 되면 이파리가 마르거나 타들어 가고, 꽃대가 늘어지고 꾸질꾸질한 모습으로 변하는 것이 보기 싫어 식물체 전체를 10센티미터 가량 남기고 싹둑 잘라 준다. 그러면 장마가 끝나고 나서 소복하게 이파리를 다시 키운다. 이 식물은 이파리만으로도 훌륭한 정원식물 노릇을 해 준다. 그런데 작년 여름의 폭염 아래서는 보기 안쓰러울 정도로 타들어 가는 이파리를 어찌할 수가 없었다.

개화 기간도 충분하고, 이파리도 매력적이다. 반음지에 심으면 더 싱싱한 이파리를 감상할 수 있겠지만, 양지에서도 생육에는 문제가 없다.

비 온 다음 날에는 이파리에 빗물이 동그랗게 맺힌다. 어렸을 때 가지고 놀던 토란잎처럼 빗방울이 동글동글 맺혀서 굴러다닌다. 꽃처럼 아름다운 이파리에 물방울이 맺히면 마법 같은 청량감으로 여름 더위를 잊게 해 준다.

자료에 따르면 이 식물은 자연 발아가 심한 공격적인 식물로 분류되고 있다. 그러나 찍박골정원에서 5~6년 동안 키우면서 보니 크게 문제 되지 않았다. 그러나 숲정원을 만들어 반음지에 심고 나서는 제대로 뒤통수를 맞았다. '공격적'으로 자연 발아했다. 공격성은 식물이 살아가는 환경에 따라 달라진다는 사실을 제대로 배웠다. 수변에서 잘 자라는 식물을 건조한 곳에 데려다 놓거나, 햇빛을 좋아하는 식물을 그늘에 심으면 활발하게 성장하지 못한다. 그 동안에는 알케밀라가 자라기에 나쁜 환경이라 다행이었던 셈이다.

마땅한 그늘 자리가 없어 양지에 심었는데, 자연 발아하는 정도를 보면 알케밀라에게 좋지 않은 환경인 것 같다. 5~6년을 키우는 동안 저절로 자라나는 새로운 모종은 없었다.

비 온 뒤 이파리에 맺힌 물방울이 청량감을 주어 여름 더위를 잊게 한다.

석영삼지구엽초, 석영

큰꽃삼지구엽초 14
Epimedium grandiflorum

H	4~8
↕	20~40cm
↔	30~45cm
✿	중간봄
☀	반음지/음지
◊	보통

'석영'이라는 이름으로 유통되는 식물인데, 정확한 품종명은 알 수 없다. 키우기 시작한 지 만 3년이 지난 식물이라 아직 정확한 정보라고 말할 수는 없지만, 성장이 느린 것 같다. 그러나 똑같은 품종을 3년 키운 한 정원사의 말에 따르면 그렇게 성장이 느린 식물은 아니란다. 내공의 차이인가 보다.

원래는 산을 등지고 있는 숲 자락 끄트머리에 조성한 숲정원의 하부 식재를 토착종 식물들로 채울 예정이었다. 산에 자생하는 우산나물, 박새, 처녀치마, 물매화, 속새, 철쭉, 현호색 등을 심어 숲과 정원이 한 몸인 것처럼 만들고 싶었다. 그래서 단풍나무, 박태기나무, 히어리, 준베리 같은 조경수만 심어 놓고 기다렸다. 내가 초대한 손님들이 한 해 한 해 지나면서 한 종류씩 들어와 주리라! 잔뜩 손님 맞을 준비를 하고 오며 가며 땅만 쳐다보고 다녔다. 혹시 손님이 찾아오지 않았나 하는 설레는 마음으로. 그런데 해가 가면서 들어오는 손님이라고는 클로버와 쇠뜨기 그리고 쑥이 전부였다. 조성한 지 4년이 지나고 나서 결국 호스타를 산과 정원의 경계에 심어 버리고 말았다. 산자락과는 너무 이질적인 분위기의 식물이지만, 풀의 공격에 맞서 싸워 줄 식물로 선택했던 것이다.

큰꽃삼지구엽초 종류도 심었다. 호스타는 성장이 빠르고 땅을 빠르게 덮어 풀 관리를 쉽게 해 주는 식물이라 가장 급한 곳에 심었고, 큰꽃삼지구엽초는 풀의 공격이 덜한 곳에 심었다. 이파리가 너무나도 사랑스러운 하트 모양인 데다가, 겹겹이 자란 이파리 덕분에 레슬링 선수처럼 잡초를 덮어 버리지 않을까, 하는 기대 때문이다. 그런데 성장이 좀 느리다. 마음 같아서는 쭉쭉 늘리고 싶은데, 내 마음을 몰라 준다. 봄이 되면 피어나는 진분홍색 꽃은 얼마나 화려한지, 꽃을 보면 마음이 더 급해진다. 이 아이가 빨리 번식해서 땅을 덮고, 봄이 될 때마다 정원에 분홍색 꽃이 가득 차는 그림을 그려 보지만, 늘 머릿속에서만 피어날 뿐이다. 성장도 느린데 '몸값'이 사악(?)하다. 그래서 100개 200개를 바닥에 깔아 주는 일이 쉽지 않았다. 그래서 토종 삼지구엽초로 나머지를 채웠다. '석영'만큼 화려하지는 않겠지만 빨리 자라서 땅을 덮으려면 자생종 식물이 낫겠다 싶었다. 흰 꽃이 피는 자생종 삼지구엽초를 충분히 심었지만, 아직도 마음 한편에서는 분홍색 '석영'이 앙큼한 손짓을 하고 있다.

사진으로만 봐도 화려하지만 실제로 보면 더 감동적인 눈부심이 있는 꽃이다. 땅을 덮을 요량으로 심었는데, 덤으로 얻은 꽃이 주인공이 되어 버렸다. '유배Youbae'인지 '로즈 퀸Rose Queen'인지 정확한 품종명이 궁금하다. 너, 이름이 뭐니?

토종 삼지구엽초의 하얀색 꽃.

하트 모양의 이파리도 꽃 못지않게 아름답다.

아스트란티아

아스트란티아 15
Astrantia

H	4~7
↕	45~60cm
↔	45~60cm
❀	늦봄
☀	양지/반음지
○	보통~습윤

아스트란티아는 어떤 품종도 대개 비슷비슷하다. 예를 들어 플록스는 품종에 따라 꽃이 봄에 피기도 하고, 여름에 피기도 하고, 가을까지 피어 있기도 한다. 땅바닥을 기면서 자라는 아이도 있고, 허리만큼 키가 크는 아이도 있으며, 양지에서 자라는 아이, 반음지에서 자라는 아이도 있다. 이에 반해 아스트란티아는 품종에 따라 큰 차이 없이 대부분 비슷하다. 키도 비슷하고, 폭도 비슷하고, 개화 시기도 비슷하고, 반음지를 좋아하는 성향도 비슷하다. 단지 꽃 색깔만 다른 정도다.

가드닝을 시작하고 4~5년 정도 되었을 때부터 아스트란티아를 키웠다. 이러저러한 성품이 아주 좋아서 여기저기 많이 추천했다. 키가 자그마해서 잘 쓰러지지 않으며, 한 달이 넘도록 개화 기간이 지속되고, 공격성도 없고, 자연 발아도 적당히 된다. 흰색, 분홍색, 자주색 꽃은 내 정원에 잘 어울리기까지 해서 나무랄 데 없는 선택이었다. 그런데 이 식물을 추천 받아 심은 사람 대부분의 반응은 '잘 자라지 않는다' 혹은 '정원에서 없어졌다', '너무 비싸다'였다.

잘 자라지 않는 이유를 가만히 따져 보았다. 이 아이는 양지와 반음지 모두에서 자랄 수 있다. 그러나 더 선호하는 쪽은 반음지다. 이 아스트란티아가 듬성듬성 해가 드는 숲속이나 건조하지 않은 초원지대 출신이기 때문이다. 우리나라 정원의 토양 대부분이 마사토라, 아스트란티아뿐만 아니라 건조한 토양을 싫어하는 반음지 식물에게는 분명 좋은 생육 환경이 아니라고 결론 내렸다.

그래도 이 아이는 겉모습만 예쁘장한 것은 아니다. 건조한 토양에서도 꾸역꾸역 버티고 살아낼 수 있을 만큼 억센 면도 있다. 쯕박골정원에서 처음으로 조성한 화이트 가든도 마사토로만 되어 있어 그다지 비옥한 토양이 아니었다. 이런 곳에서 3~4년을 버티고 나서 꽃을 피우기 시작했다. 그 뒤로 해가 가면서 스스로 군락도 만들어 나갔다.

자료에 따르면 종자 번식은 안 된다고 하는데, 생육 환경이 좋고, 시간이 몇 년씩 흐르다 보면 씨가 땅에 떨어져서 새로운 모종들이 여기저기서 올라오기도 한다. 많지는 않지만 이 '많지 않음'이 더 좋다.

아스트란티아의 단짝 살비아 네모로사 '카라도나'. 아쉬운 점은 좀 더 부드러운 분홍색의 '로마'를 심었으면 좋았겠다 싶다. 짙은 보라색과 짙은 자주색을 섞었더니 '쎈' 여자 두 명이 모여 있는 것 같다.

척박했던 화이트 가든에서 3년을 버티고 지금은 군락을 이루고 있는 아스트란티아 마요르 '스타 오브 빌리온Star of Billion'.

초기에는 꽃이 짙은 자주색으로 피었다가 시간이 갈수록 흐린 색으로 변해 가고 있는 이름을 알 수 없는 품종의 아스트르 티아.

영국 왕립원예협회가 선정한 '우수정원식물' 아스트란티아 마요르 '로마Roma'. '스타 오브 빌리온'기 화이트 가든의 봄을 담당하고 있다.

올라야

올라야 그란디플로라 16
Orlaya Grandiflora

H	2~11
↕	50~60cm
↔	20~40cm
	늦봄
☀	양지
◊	건조~보통

가드닝은 쉽고 즐거워야 한다는 철석같은 믿음이 있다. 주변을 보면 정원 일에 치이다 못해 관절 수술을 하고, 디스크로 고생을 하는 '정원쟁이들'을 종종 만난다. '내가 중해? 정원이 중해?' 물론 머리로는 아주 잘 알지만 정원에 앉아 있다 보면 시간을 도둑맞는 것 같다. 번뜩 정신을 차리고 자리를 털고 일어나는 일은 마치 중2가 게임방에서 시간 맞추어서 일어서는 것만큼 어려운 일 아닐까?

정원 일의 강도는 초기에는 하드스케이프hardscape의 영향을 받는다. 산책로를 포장하고, 정원의 가장자리 구획을 위해 에지edge를 설치하고, 농기구를 정리할 수 있는 셰드shed를 만들고, 쉼터를 만들고, 물과 전기를 쉽게 쓸 수 있게 설비를 개선해 주는 일 등. 이런 건축이나 토목과 관련한 부분이 해결되면 가드닝이 아주 수월해진다. 그러나 시간이 흐를수록 가드닝을 쉽게 해 주는 것은 역시 식물 그 자체다. 데드헤딩을 하지 않아도 되는 식물, 땅을 덮어 주는 식물, 쓰러지지 않는 식물, 공격적으로 번식하지 않는 식물, 매년 심지 않아도 되는 식물 등. 그래서 찍박골정원에서 살고 있는 식물의 대부분은 여러해살이풀이다.

그럼에도 매년 심는 한해살이풀이 있다. 바로 올라야 그란디플로라다. 키가 작아 쓰러질 염려가 없고, 건조에 강해 물을 줄 필요도 없고, 콤팩트한 형태라 작은 정원에도 잘 어울린다. 순백의 화려함으로 늦봄의 화이트 가든을 가득 채운다. 꽃이 큰 편이라 몇 포기만으로도 풍성한 존재감을 드러낸다. 그래서 애지중지하는 식물이지만 늦봄 한 달 정도 넘칠 만큼 꽃을 즐기고 나면 가차 없이 뽑아 버린다. 그때가 되면 헬레니움Helenium, 아스틸베Astilbe, 팔리다에키나시아 '훌라 댄서'Echinacea pallida 'Hula Dancer' 등의 숙근초들이 꽃을 피워서 굳이 이 식물에게 에너지를 쓰지 않아도 되기 때문이다. 첫 서리 내릴 때까지 꽃이 핀다고는 하지만 그것은 정원사가 시든 꽃을 지속적으로 잘라 주어야 생기는 일이다.

'이지 가드닝'을 추구하는 찍박골정원의 가드너는 그냥 뽑아낸다. 그렇게 사랑스러운 꽃이라고 하트를 '뿅뿅' 날리고서는 너무 변덕스럽다고 할 수도 있겠지만, 1년 내내 아름다운 정원을 유지하기 위해서는 정원사의 에너지도 전략적으로 분산해야 한다는 나름의 명분이 있다.

한해살이풀답게 씨를 받지 않아도 매년 알아서 화이트 가든의 맨 앞줄을 채워 준다. 작고 단단해서 스스로 단정함을 유지 하는 모범생이다.

H	5~9
↕	50~60cm
↔	20~30cm
✿	늦봄
☀	양지
💧	건조~보통

패랭이, 패랭이꽃

디안투스 크루엔투스 17
Dianthus cruentus

패랭이꽃을 생각하면 한국전쟁 시대를 억척스럽게 이겨 낸 친정엄마 시대의 여자들이 떠오른다. 일단 키가 작다. 그리고 아름다운 얼굴은 아니지만 '귀염상'이다. 또 1년 동안 물을 한 번도 주지 않아도 기어이 살아 내고야 마는 강인함이 있다. 꽃도 한 달 넘게 피어 준다. 세련미는 없지만 강인한 생명력으로 정원의 앞줄을 맡아 주는 책임감이 돋보이는 꽃이다. 하지만 새 꽃망울이 올라오는 만큼 시들어 가는 꽃도 많다. 데드헤딩을 해 주지 않으면 식물이 전체적으로 지저분해진다. 내가 선택했던 '매혹'이라는 품종의 빨강은 기막혔지만 한 뼘밖에 되지 않는 작은 키 때문에 오래 키우지 못하고 변방으로 쫓겨나는 신세가 되었다.

그렇게 패랭이꽃이 잊히는 듯했는데 디안투스 크루엔투스를 만났다. 이 식물은 늘씬한 'S라인'의 서양 미녀 같았다. 큰 도시에서 이사 온 미장원 아줌마 같은 느낌이었다. 화장품 향기도 나고, 빨간색 매니큐어도 바르고, 멋을 부릴 줄 아는 늘씬한 신세대 아줌마 같았다. 알리움의 작은 버전처럼 쭉쭉 올라온 줄기 끝에 꽃이 맺혀 있는 형태라 뒤쪽의 꽃을 가리지 않는 '투명함'이 있어 좋았다. 빨간색 꽃이 피는 디안투스 크루엔투스보다 한두 주 정도 늦게 분홍색 꽃을 피우는 카르투시아노룸패랭이꽃 *D. carthusianorum*도 마찬가지의 형태를 지녔다. 드디어 쓸만한 패랭이꽃 품종을 찾았다고 생각했다.

그런데 문제가 있었다. 극강의 건조 토양을 견뎌 낸다는 장점 이면에는 습기에 약하다는 치명적인 단점이 숨어 있었던 것이다. 여름철 장마에 녹아내리기 시작했다. 쩍박골정원처럼 배수도 좋고, 경사지인 토양에서도 녹을 정도면 우리나라 어느 땅에서 자랄 수 있을까? 그래도 힘든 장마를 이겨 내고 아침저녁으로 찬 바람이 불기 시작하자 다시 새 이파리가 나오기 시작했다. 오랫동안 병석에 누워있다 핼쑥해진 모습으로 얼굴을 내민 환자처럼. 그래서 포기가 빨리 풍성해지지 않는다. 봄에 제법 풍성했다가 습한 여름을 거치면서 줄어들기 때문이다.

종종 떠올리는 중광스님의 그림이 있다. 제목은 모르겠지만, 한 쪽 눈을 질끈 감고 있는 익살맞은 인물 수묵화다. 한 쪽 눈을 감고 살라는 뜻이라 했다.

꽃을 고를 때도 마찬가지다. 한쪽 눈을 질끈 감아야 하는데, 자꾸 실눈이 떠진다.

한두 주 정도 늦게 분홍색 꽃을 피우는 카르투시아느룸패랭이꽃.

기다란 줄기 끝에 피어난 작은 디안투스 크루엔투스의 꽃들이 마치 공중에 동동 떠 있는 것 같다.

하야초

길레니아 트리폴리아타 18
Gillenia trifoliata

H	5~9
↕	60~90cm
↔	60~90cm
✿	늦봄
☀	반음지
○	보통

등골이 휠(?) 정도로 값비싼 모종임에도 불구하고 심은 첫해에 모조리 뽑았다가 다음 해에 다시 사서 심은 식물이다. 이런 황당한 짓을 한 이유는 심은 첫해 내내 땅바닥에 누워 있었기 때문이다. 15센티미터 화분에 들어앉은 그다지 작지 않은 아이를 봄에 심었건만, 이 식물은 여름이 지나고 가을까지도 계속 누워 있었다. 크는 것 같지도 않았다. 줄기가 털실 두께보다 더 가늘어서 제대로 서서 클 수 없을 것 같았다.

다음 해가 되었을 때, 미처 색출하지 못한 반역자들처럼 뽑혀 나가지 않은 몇몇 모종이 여기저기서 싹을 올렸는데, 튼실한 줄기로 쭉쭉 뻗어 올라오는 것이 아닌가. 그러고 나서 봄이 다 지나기 전에 꽃을 피우기 시작하는데, 마치 가을 서리 내릴 즈음이 되면 격정적으로 풍성해지는 바늘꽃*Epilobium pyrricholophum*을 보는 것 같았다. 식물 전체의 느낌이 그랬다. 게다가 바늘꽃처럼 개화기도 길었다. 개화를 끝내고 나더니 인심 후한 동네 아주머니처럼 빨간 열매를 볼품 있게 챙겨서 아낌없이 내주는 것이 아닌가? 떠나간 여자 친구가 얼마나 멋진 사람이었는지, 헤어지고 나서야 깨닫게 되는 미련퉁이 같았다. 다시 심었다. 하지만 그 해, 또 1년 내내 누워 있었다. 하지만 이번에는 누워 있어도 예뻐 보였다. 돈 잘 벌어오는 의사 딸내미가 누워 있는 것처럼.

아쉬운 점은 비옥하고 촉촉한 토양의 반음지를 좋아하는 이 식물이 땡볕의 정원에서 자라다 보니, 여름이 되면 이파리가 타고, 마르고, 온갖 고생을 한다는 것이다. 반음지에서 곱게 자라는 아이들은 싱싱한 이파리를 달고 있다가 가을이 되면 곱게 단풍이 든다. 그런데 양지쪽의 하야초는 가을이면 마른 이파리를 누더기처럼 걸친 채 서 있다. 반음지로 옮겨 주고 싶지만, 그 계절의 흰색을 맡아 줄 식물로 이 하야초만 한 다른 선택지를 찾지 못했다. 이래저래 마음의 빚이 있는 식물이다.

여리여리해 보이는 꽃과는 달리 덩치가 제법 크다. 큰 덩치를 스스로 이기지 못한다. 반갑지 않은 반전이다. 지지대가 없으면 골칫거리가 될 수도 있다.

잔잔한 느낌의 꽃을 피우는 식물이라서 꽃 하나하나의 모양이 뚜렷한 오이풀이나 마르타곤나리와 잘 어울린다.

꽃이 진 자리에 맺히는 빨간 열매.

램스이어, 램즈이어

램스이어 19
Stachys byzantina

Ⓗ	4~8
↕	15~45cm
↔	30~90cm
✿	늦봄
☀	양지
◊	건조~보통

은빛이 도는 식물을 좋아한다. 뽀송뽀송한 이파리를 지닌 백묘국*Jacobaea maritima*부터 전체적으로 은실이 소복이 쌓인 듯한 은쑥*Artemisia schmidtiana*, 세련된 은청색 잎의 블루페스큐*Festuca glauca*, 은사초, 여름부터 가을까지 은색 줄기로 정원을 채워 주는 페로브스키아*Perovskia* 그리고 양의 귀를 만지는 듯하다고 해서 '양의 귀'라는 이름이 붙은 램스이어까지. 하지만 은빛이 도는 식물들은 대체로 습기에 약하다. 원래 은빛이나 회백색은 자잘한 솜털이 빽빽하게 이파리를 덮고 있어서 햇빛이 직접 닿기보다 여러 방향으로 산란해 나타나는 색이다. 이렇게 털이 햇빛을 반사하는 기능이 있기에 잎이 강한 태양광을 견딜 수 있고, 잎의 온도를 낮추는 효과가 있다. 하지만 습기가 많으면 빛 반사 효과가 약해지고, 잎이 쉽게 무르거나 곰팡이에 감염될 위험도 있다. 그래서 램스이어는 빠르면 장마가 시작될 때, 늦으면 장마가 끝난 후 바닥까지 잘라 주는 것이 좋다. 물론 잘라도 다시 뽀얀 이파리를 낸다.

램스이어를 심기 시작한 시기는 거의 내 정원이 시작된 역사와 비슷하지만, 지금은 생육이 썩 좋지 못하다. 정원 조성 첫해에는 아주 비옥한 평지에 작은 모종 10개에서 시작했지만, 6개월 만에 반 평 정도까지 뻗어 나갈 만큼 성장세가 좋았다. 뿌리로 번식해 나가는 힘이 엄청나서 감당이 안 될 정도였다. 게다가 이렇게 볼품없는 꽃이 또 있을까? 볼품도 없는데 길게 올라와서는 픽 쓰러진다. 그렇지 않아도 너무 왕성하게 번식해 주체하지 못하고 있는데, 거기에 꽃이랄 것도 없는 긴 꽃대가 여기저기로 주책없이 쓰러진다. 그래서 좀 더 척박한 암석가든으로 옮겨 주었다. 아주 척박한 땅에서도, 건조한 땅에서도 잘 자란다고 해서 의심 없이 옮겼다. 그러나 막상 옮겼더니 '얼음 땡'처럼 그대로 있다. 더 자라지 않는다.

정원에 비료 같은 영양분을 거의 주지 않지만, 램스이어는 복합 비료도 몇 알씩 뿌려 주고, 액비도 따로 챙겨 주고, 사내 연애를 하는 남자 친구 챙기듯이 몰래 몰래 챙겨 주었다. 그래도 세력은 날로 줄어들었다. 새로운 모종을 사다 심기도 했으나 별 반응이 없다. 마음이 상한다. 하지만 '부드러움이 강함을 이긴다'고, 좀 더 부드럽게 달래 볼 생각이다. 잘 익은 퇴비를 섞어 토양을 개선해서 다시 키워 보리라.

정원에 '은빛'을 입히는 은쑥, 블루페스큐(은사초), 램스이어, 은빛꼬리풀 *Veronica incana* 등은 장마만 시작되면 맥을 못춘다. 그럴 법도 한 것이 솜털이 빛을 산란시켜 은빛이 나게 한다는데, 이 솜털 하나하나가 비를 맞으면 얼마나 습해질까. 패딩재킷 입고 비 맞는 느낌이지 않을까.

은빛 식물과 어울리지 않는 색상이 있을까? 분홍색은 물론 보라색, 흰색, 노란색 등 어울리지 않는 색이 없다.

멀리 보이는 살비아 네모로사 '카라도나' 꽃의 짙은 보라색과 멘지스오이풀의 짙은 자주색 꽃이 만들어 내는 어둠의 세계에서 은색 램스이어가 '얌교쟁이'처럼 무거움을 털어 내고 있다.

속단

뿌리속단 20
Phlomis tuberosa

H	5~9
↕	90~150cm
↔	60~90cm
❀	늦봄
☀	양지/반음지
○	보통

심은 지 두 해가 지났고, 3년 차가 되는 식물이지만, 두 번째 해에 벌써 어른으로 쑥 자라났다. 워낙 겨울정원 사진에서 자주 보이는 씨송이 실루엣으로 익숙한 아이라 꽃을 향한 호기심은 크지 않았다. 그러나 정원 안에서 상상 이상의 역할을 해 주고 있다. 수직으로 자라는 줄기와 층층이 피어나는 독특한 꽃 구조가 정원에 다양함을 입혀 주고, 꽃이 지고 나면 까만 씨방이 남아서 그 구조를 그대로 유지해 준다. 게다가 아주 튼실하게 잘 큰다. 많은 자료에 나오는 내한성 정보로만 보면 찍박골정원에서는 월동하지 못해야 맞다. 하지만 너무나 잘 큰다. 월동은 물론이고 습한 여름까지 끄떡없이 버텨 줄 뿐만 아니라, 뿌리가 깊어 건조에도 강하고, 식물의 형태가 빽빽하지 않고, 줄기도 튼튼해서 잘 쓰러지지도 않는다. 물론 키가 크기 때문에 약간의 쓰러짐이 있기는 하다. 키나 몸집에 비해 덜 쓰러진다는 말이다.

별 기대를 안 하고 심은 아이인데, 아주 멋이 난다. 둥근 형태의 식물들 사이에서 수직의 느낌을 강하게 표현해 주는 멋스러운 아이다. 꽃잔디처럼 꽃으로 온몸을 칭칭 감은 스타일이 아니기 때문에 다른 식물들 사이사이에 넣기도 좋고, 꽃 색도 어둡지 않은 보라색이라 어느 색 옆에 세워 놓아도 상대방을 돋보이게 해 준다.

실은 이 식물보다 같은 속屬에 속하는 터키세이지 *Phlomis russeliana*에 대한 기대가 컸다. 계란색 꽃망울이 탕후루처럼 동글동글하게 맺혀서 올라가는 것을 보고 욕심이 났다. 내한성도 맞고, 키도 적당하고, 색상도 계란색이다. 나는 계란색 꽃만 보면 '정신줄'을 놓는다. 어렵사리 구해서 심었는데, 3년째인데도 아직 꽃을 보지 못했다. 이에 비해 보라색 꽃이 피는 뿌리속단은 씩씩한 장군 같다.

원래 귀한 것은 쉽게 얻어지지 않는 법이다. 흔한 아이들은 아무리 말려도 얼굴을 내미느라 몸싸움도 마다하지 않지만 귀한 아이들은 까탈을 부린다. 그중 하나가 터키세이지인 것 같다. 그러나 가드닝을 할 때는 아무래도 손이 덜 가고 건강하게 크는 무던한 아이들이 좋다. 꽃도 매력적이지만 꽃이 지면 맺히는 까만 씨송이도 큰 몫을 한다. 이래저래 계란색 '탕후루'를 잊으려 한다. 그러나 물 흐르는 대로 주어진 대로 살겠노라 해 보지만, 정원에 대입하면 이 말은 잘 작동되지 않는다. 계란색 터키세이지가 자꾸 어른거린다.

키도 크고 폭도 커서 작은 정원에는 좀 부담스럽다.
찍박골정원에서는 넓은 쪽 뒤편에서 보디가드처럼 울타리 역할을
해 주고 있다. 뿌리속단보다 덩치가 더 큰 흰꽃꿩의다리 *Thalictrum
aquilegifolium* var. *album*와 섞어 심었다.

아이리스, 붓꽃, 꽃창포

아이리스 (독일붓꽃, 시베리아붓꽃, 꽃창포) 21
Iris × germanica, I. sibirica, I. ensata

H	4~8
↕	60~80cm
↔	45~60cm
✽	늦봄~초여름
☀	양지/반음지
◊	보통

독일붓꽃, 시베리아붓꽃, 꽃창포, 일본붓꽃 *I. japonica*, 구근아이리스 *I. × hollandica* 등 아이리스의 생김새는 거의 비슷한데 종류가 많다.

독일붓꽃은 '건조함 끝판왕'이다. 붉은병꽃나무 '폴리이스 푸르푸레이스' *Weigela florida* 'Foliis Purpureis' 턱 밑에서 자라고 있어서 뽑아서 바위 위에 올려놓았다. 말하자면 사형선고를 내린 셈이다. 정원의 풀을 뽑다가 호미를 던지고 뛰어나올 만큼 놀랐다. 중국 귀신 강시처럼 콩콩 따라올 것만 같았다. 바위 위에 던져 놓은 구근에서 싹을 올리고 있었다. 번식력도 좋아 모종 하나 심었는데 2~3년 사이에 1제곱미터 정도 퍼져서 부랴부랴 뽑아서 세력을 정리해 주었다. 가만 놔두었다가는 마피아 같은 세력을 구축할 것 같았다. 개화기는 짧고, 꽃은 우악스럽고, 번식력이 강해 풀보다는 낫겠다 싶어서 아주 건조한 지역에 옮겨 심었다.

가장 많이 키우고 있는 아이리스는 시베리아붓꽃이다. 이 아이는 좀 섬세하고 부드러운 아가씨 같다. 겉모양만 보아서는 독일붓꽃에 비해 가녀리고 꽃도 작지만 건조한 토양에서도, 습한 토양에서도, 심지어는 물속에서도 자란다. 영하 20도를 넘나드는 찍박골정원의 개울 속에서 살다가 물과 땅이 얼면 함께 얼어 버린다. 살아서 봄에 나올 수 있을까 싶지만, 매년 물이 녹아서 얼음 속에서 졸졸거리는 소리가 들리면 뾰족하게 살아 있다는 신호를 보내온다. '일본붓꽃'이라는 이름으로 유통되는 꽃창포는 시베리아붓꽃과 마찬가지로 건조한 토양에서도 살아갈 수 있지만 아무래도 촉촉한 토양을 더 좋아한다. 아이리스 중에서 가장 늦은 초여름에 꽃을 피운다. 숲정원의 반음지에 꽃창포 '골드 바운드 Gold Bound'의 흰색 꽃이 피면, 해가 지는 숲속에 조명을 켠 듯 주변을 환하게 밝혀 준다.

모든 아이리스의 개화기가 길지는 않다. 그럼에도 정원을 조성할 때 빼놓지 않는 이유는 독일붓꽃이나 일본붓꽃이나 시베리아붓꽃이나 꽃이 없을 때도 그라스 같은 이파리가 그 자리를 지켜 주기 때문이다. 꽃이 귀한 가을을 생각하면 밋밋한 화살 같은 이파리보다는 흰 줄무늬가 있는 '바리에가타 Variegata' 품종 아이리스가 더 좋다.

| 등불처럼 빛나는 꽃창포 '골드 바운드'의 하얀 꽃. | 꽃봉오리가 붓처럼 생겼다해서 '붓꽃'이란다. |

아이리스는 반음지에서도 잘 자라기 때문에 숲정원은 브루넬라 사이사이에 심어 주었다.

오이풀, 오이풀멘지스

멘지스오이풀 22

Sanguisorba menziesii

H	3~8
↕	75~90cm
↔	45~60cm
✿	늦봄
☀	양지/반음지
💧	보통~습윤

피트 아우돌프의 정원을 처음으로 접했을 때 받았던 충격 중 하나가 산야에 지천으로 널려 있는 식물들이 정원에 들어앉았다는 사실, 그것도 내가 평소에 '꽃'이라고 생각해 본 적이 없는 식물들이라는 사실이었다. 정원은 '꽃'이라고 인증된 아이들만 들어오는 곳이라고 생각했다. 그런데 사진 속 오이풀은 내게는 '꽃'이 아니라 집 주변의 길가에서도, 뒷산에서도 만날 수 있는 '풀'이었다. 이런 식물을 정원에 들이다니! 피트 아우돌프가 자연주의 정원의 대가이기 전에 자연을 바라보는 따뜻한 시선과 차원이 다른 정원 감각을 지닌 사람이라는 사실에 깊이 감탄했다.

오이풀*S. officinalis*을 구하기는 어렵지 않았다. 인터넷으로 주문하고, 심고, 자랐다. 그러나! 완전 '사기 캐릭터'였다. 분명 오이풀이 맞는데, 도저히 정원식물이 될 수 없는 아이였다. 지금부터 이 아이의 흉을 봐야 한다. '찐 뒷담화'! 기대가 너무 컸기 때문일까? 심은 지 6개월 만에 뽑아내기 시작했다. 오랜 망설임이 필요하지도 않았다.

첫째, '침대 축구'를 한다. 꽃대가 올라오면서 바로 쓰러진다. 쓰러져서 꽃도 피우고, 씨도 맺고, 아이도 낳는다.

둘째, 조직력이 없다. 꽃이 피면서 꽃송이가 알알이 흩어진다.

셋째, 이 아이의 삶에는 '저출산'이란 없다. 공격적 다산형이다.

넷째, 뿌리도 억세고, 자연 발아도 심해서, 없애는 데 2~3년 정도나 걸렸다.

내가 인터넷으로 구해 심은 식물은 토종 오이풀이었다. 토종을 정원에 잘 들이지 않는 이유 중 하나다. 그러다가 구한 식물이 멘지스오이풀이었다. 몇 년을 찾아 헤매다가 모종을 구할 길이 없어서, 해외 사이트에서 종자를 구했다. 귀한 식물이라 '발아 선수'인 지인에게 따로 부탁까지 했다. 이렇게 심은 멘지스오이풀이 세 살이 되었다. 마디게 자라는 아이라 감질나기는 하지만 매년 불어나는 포기를 보면서, 그리고 와인색 꽃망울로 점점이 내 정원의 풍경에 스타카토를 찍어 주는 센스에 감탄하면서, 봄이 오면 가장 기다려지는 아이 중 하나가 되었다. 개화 기간이 길어서 좋은 반면, 가끔 흰가루병이 보여서 매의 눈으로 관찰하는 중이기는 하지만. 토종 오이풀에 퍼부었던 '뒷담화'가 덜 미안할 만큼 만족스럽다.

흰색 꽃이 피는 길레니아 트리폴리아타와 섞어 심었는데, 더디게 자라는 성향이라 아직 길레니아 트리폴리아타의 풍성함과는 비교가 되지 않는다.

어쩌다 보니 꽃 모양이 비슷한 살비아와 섞여 있는 것이 좀 아쉽다. 동글동글한 데이지 모양의 꽃과 섞였으면 더 멋스러웠을 텐데. 성긴 빗살처럼 올라온 줄기가 뒤쪽 꽃을 가리지 않아 정원을 답답하지 않게 해 준다.

우단동자

우단동자꽃   23

Lychnis coronaria

H	3~8
↕	45~60cm
↔	40~50cm
✿	초여름
☀	양지/반음지
◊	건조

불행히도 이 아이는 두해살이풀이다. 불행인지 다행인지는 키우는 사람마다 다르겠지만, 찍박골정원에서는 두해살이풀이 별로 환영 받지 못한다. 이런 이유 때문이다. 첫해에 발아해서 몸집만 키우고 둘째 해에 꽃을 피운다. 꽃을 피우고 나면 당연히 씨를 맺는다. 그렇게 자식들을 낳아 놓고 생명을 마친다. 한해살이·두해살이풀 대부분이 그러하듯 씨를 엄청나게 뿌려 댄다. 원래 꽃을 피웠던 개체가 사라지기 때문에 매년 씨가 떨어진 곳에서 새로운 개체가 태어난다. 자리가 매년 바뀔 뿐만 아니라 군락을 만들어 간다. 그래서 매년 봄마다 새롭게 올라오는 모종을 캐서 원하는 자리로 옮겨야 한다. 그렇게 서너 해가 지나자 귀찮아졌다. 그래서 어느 해 여름, 씨가 맺힐 즈음에 모두 뽑아냈다.

    한동안 우단동자꽃의 모습은 볼 수 없었다. 하지만 몇 해가 지난 어느 해인가 바위틈에서 '심쿵'할 만큼 화사한 모습으로 천연덕스럽게 꽃을 피우고 있었다. 서너 개의 모종을 암석가든으로 옮겨 주었다. 몇 년 만에 마주한 아이는 나에게 복수라도 하듯이 그 찬란한 분홍빛 꽃잎을 공작 깃털처럼 흔들어 보였다. 모든 떠나간 여인은 이리 아름답던가!

    봄마다 자리를 옮겨야 하는 수고로움을 마다하지 않고, 우단동자꽃과 재결합 하기로 했다. 재결합으로 결론 내기까지는 꽤 시간이 걸렸다. 매년 필요한 자리로 옮기는 일 말고도 3~4일 간격으로 데드헤딩을 열심히 해 주어야 하기 때문이다. 사실 그냥 크는 대로 놔두면 손이 갈 일이 없다. 하지만 머리 땋아 주고, 예쁜 치마 입히고, 어울리는 신발까지 골라서 아이를 유치원에 보내자면 손이 갈 수밖에 없지 않은가? 이 말은 식물은 무던하지만, 정원 주인이 무던하지 않다는 말과도 비슷하다. 씨를 맺지 못하도록 데드헤딩을 잘 해 주면 두 달 가까이 꽃을 피우기 때문에 부지런히 데드헤딩을 해 주기도 한다.

    그리고 우단동자꽃은 습기를 아주 싫어한다. 봄 해빙기에 땅이 녹느라 축축해지면 분명 새싹을 올리고 있던 아이들이 어느 순간 없어지고 만다. 장점도 단점도 파악했고, 미운 정 고운 정도 들었고, 헤어짐과 재결합의 고비도 넘고 났더니, 나와 우단동자꽃은 마치 황혼을 바라보는 부부 같다.

꽃도 깜찍한 우단동자꽃은 회백색 줄기까지 매력적이다.

주머니가 주렁주렁 거꾸로 매달린 듯한 디기탈리스도 우단동자꽃처럼 두해살이풀이다.

보라색과 은색이 어우러지는 늦봄의 암석정원이 지루해질 즈음에 우단동자꽃의 '핫핑크'가 늦둥이처럼 정원에 생기를 불어 넣는다.

할미꽃

H	5~7
↕	30~40cm
↔	20~30cm
✿	초봄
☀	양지
◊	보통

할미꽃 24
Pulsatilla koreana

동네 주유소에 심긴 어린 할미꽃 모종을 얻어 와 돌 틈에 심어 주었다. 자생종이라 자연 발아가 아주 심할 줄 알았는데, 너무나 얌전하고 예쁜 할머니 같은 꽃이다. 10여 년 전에 대학생이었던 아들이 TV에 나온 고故 김자옥 씨를 보고는 '예쁜 할머니'라 해서 참으로 깜찍한 표현이라 생각한 적이 있다. 할머니를 예쁘다고 표현한 적도 들어본 적도 없었기 때문이다. 그런데 그 말이 맞다. 예쁜 할머니 같은 꽃이다.

할미꽃은 꽃뿐만 아니라 꽃이 지고 나면 암술대가 백발처럼 늘어지는 것도 큰 볼거리다. 할미꽃 씨도 민들레 씨처럼 바람을 타고 날아다니기는 하지만 여기저기서 쑥쑥 올라오는 민들레 같은 번식력은 보여 주지 않는다. 씨가 바람을 타고 날아다닐 때는 잔디밭이고, 정원이고, 개울가고 여기저기에서 엄청나게 번식할 것 같지만 몇 년을 키워도 자연 발아로 꽃을 피우는 아이들은 다섯 손가락 안에 꼽힌다. 그래서 자꾸 할미꽃 보는 것이 어려워지는지도 모르겠다.

이 식물은 특별히 물을 챙겨 준 적도, 비료를 챙겨 준 적도 없지만, 매년 야무지게 포기를 키워 나간다. 배수 좋은 양지라면 월동은 물론 여름 장마에도 특별하게 힘들어 하는 기색은 없다. 무던한 아이 같다. 게다가 갖가지 숙근초들 중에서 가장 먼저 꽃을 피우는 식물이라 점수를 두둑하게 챙겨 주었다. 개화기도 제법 길고, 잔손이 가지 않는다. 꽃이 지고 나면 너덜거리는 이파리만 싹둑 잘라 주면 다시 싱싱한 이파리가 돌아올라 소복한 채로 여름을 나고 가을까지 속 깊은 할머니처럼 점잖게 자라 준다.

꽃이 진한 자주색이다 보니 어두운 토양에 묻혀 잘 보이지 않아 아쉽다. 짙은 보라색이나 짙은 자주색같이 채도와 명도가 낮은 색상의 꽃들은 대부분 그렇다. 어두 침침하게 꽃을 피우는 헬레보루스가 그렇고, 짙은 보라색 꽃이 피는 아스터*Aster*가 그렇고, 휴케라*Heuchera*가 그렇고, 또 짙은 보라색 꽃이 피는 수레국화*Centaurea cyanus*가 그렇다. 그래서 이런 색상의 식물들은 명도나 채도가 높은 흰색, 분홍색, 라일락색, 은색 꽃을 피우는 식물과 섞어 주면 빛이 난다. 그래도 할미꽃은 하얀 솜털이 보송보송하게 덮여 있어 은빛이 은은하게 돌기 때문에 완전히 땅에 묻혀 버릴 것 같은 칙칙한 색은 아니라 다행이다.

할미꽃처럼 고운 할머니로 늙고 싶다.

머릿결 고운 은발 같은 할미꽃의 암술대.

'순둥순둥한' 할미꽃이 수년째 돌 틈에서 자라고 있다.

밥티시아

밥티시아 아우스트랄리스 미노르 25
Baptisia australis var. *minor*

H	3~8
↕	45~80cm
↔	45~80cm
✿	늦봄
☀	양지
♦	건조~보통

구근식물의 시절이 끝나고 살비아, 네페타, 아스트란티아의 꽃이 피는 숙근초의 계절이 오기까지 보름 정도 되는 무채색 같은 시간이 있다. 구근식물은 끝났지만, 숙근초 꽃은 아직 피지 않는 침묵의 시간이다. 이때 꽃을 피워 주는 귀한 식물 중에 하나가 바로 밥티시아다.

처음에는 키와 폭이 120센티미터, 90센티미터 정도까지 크는 이름도 모르는 품종을 구해서 심었다. 밥티시아는 모두 똑같은 줄로만 알았던 시절이었다. 하지만 2년이 지나고 모두 뽑아냈다. 밥티시아 뿌리를 뽑다가 내 어깨가 뽑히는 줄 알았다. 관목도 2년 동안 이렇게 굵고 깊게 뿌리를 내리는 모습을 거의 보지 못했다. 밥티시아는 뿌리가 아래로 길게 뻗는 직근성 뿌리였다. 이런 뿌리는 가뭄에 강하다. 그러나 이식을 싫어한다. 옮기다 보면 어쩔 수 없이 뿌리를 자르는 수밖에 없다. 그러다 보니 이식도 어렵고, 다시 착근하기까지 시간도 많이 걸린다. 그 사이에 사라져 버리는 아이들도 많다.

일반 종 밥티시아를 퇴출해 버린 가장 큰 이유는 감당하기 어려울 만큼 커지는 덩치 때문이었다. 지지대로도 감당하기 어려운 덩치라 쓰러지고 나면 주변이 초토화되어 버린다. 술에 떡이 되어서 널브러져 있는 상사 뒤치다꺼리까지 해야 하는 천사 같은 부하직원이 되어야 한다. 밥티시아는 내가 모셔야 하는 술 좋아하는 상사다.

모든 밥티시아를 뽑아내고 유일하게 남겨 둔 찍박골정원의 밥티시아는 파란색 꽃을 피우는 키가 80센티미터 정도로 자라는 왜성종이다. 꽤 성정이 순한 아이인 것 같다. 일단 키가 작아서 쓰러지지 않는다. 장마가 지나면 몇 가닥의 줄기가 쓰러지지만 이것만 잘라 주면 지지대 없이 가을까지 잘 버텨 준다. 여름이 무르익을 때면 연두색 완두콩 같은 꼬투리도 함께 익는다. 여름이 지날 무렵이면 이 꼬투리는 반질반질 윤이 나서 빛의 각도에 따라 색깔이 살짝 다르게 보이는 까만 브로치 같은 센스 있는 모양의 씨송이가 된다. 밝은 파란색 꽃도 그 자체로 매력적이지만, 정작 눈길을 사로잡는 것은 강렬한 카리스마를 풍기는 까만색의 꼬투리다. 꽃이 피었을 때보다 씨가 익어 갈 때 방문객의 시선을 더 잡아끈다. "이 꽃은 뭐예요?" "이건 꽃이 아니고 씨랍니다."

콩과식물답게 콩 같은 씨를 맺는다.

밥티시아는 종자로 발아하고 나서 4~5년이 지나야 비로소 꽃을 피운다. 사진 속 아이도 5년 만에 꽃을 피워 거의 10년째 살고 있다.

까맣게 익어 윤이 나는 씨 꼬투리.

숙근제라늄

숙근제라늄 [로잔] 26
Geranium ROZANNE 'Gerwat'

H	5~8
↕	30~50cm
↔	60~90cm
✿	늦봄~초여름
☀	양지/반음지
💧	보통

'정원'이라는 단어가 아예 머릿속에 없었던 서울에서도, 생각해 보니 봄이면 꽃집에 들러 아프리칸바이올렛과 제라늄을 샀던 기억이 있다. 보라색, 파란색, 진분홍색 꽃이 핀 바이올렛 한 박스를 나지막한 둥근 토분에 화분째 빙 둘러놓고, 아침햇살을 받아 생생하게 빛나는 꽃 덕택에 두어 달 정도 기운찬 하루를 시작했다.

또 빨간색 꽃이 피는 제라늄도 샀었다. 어렸을 때 친정엄마가 '양아욱'이라 불렀던 식물, 줄기에서 나는 냄새가 고약했던 식물, 알프스산맥 언저리에 있는 까만 목조주택의 창문 아래에 넘쳐나게 걸려 있던 바로 그 식물. 그 제라늄을 내 사무실에도 들인 적이 있었다. 1년 내내 창가에 꽃이 피어 있었다. 겨울에도 여름에도 피어 있었다. 그런데 정원을 가꾸기 시작하면서 그 식물이 제라늄이 아니고 페라고늄*Pelargonium*, 제라늄속이라는 사실을 알았다. 노지에서 겨울을 날 수 없는 페라고늄은 점점 잊혔고, 이제 정원에서는 진짜 제라늄*Geranium*, 쥐손이풀속이 자라고 있다.

세 종류의 숙근제라늄이 찍박골정원에 살고 있는데, 개화 시기와 기간은 약간씩 다르지만 기본 성향은 비슷하다. 숙근제라늄은 저관리형 식물로 손색이 없다. 한 달 이상 넘치게 꽃을 피운 다음, 가을까지 지속적으로 꽃대를 올린다. 풍성한 꽃이 한 번 피고 나서 여름이 끝날 때까지 계속 꽃을 피워댄다. 꽃이 피고 나서 반쯤 싹둑 잘라 주어도 여름 동안 다시 소복하게 이파리를 올려 꽃을 계속 피운다. 풍성한 꽃 못지않게 이파리도 풍성해서 땅을 치마처럼 덮어 버린다. 물론 그 아래에서는 잡초가 올라오지도, 성장하지도 못한다. 풍성한 이파리가 가을까지 그렇게 자리를 잘 지키고 있다. 이런 아이들이 좋다. 이런 식물들이 정원 가꾸기를 편하게 해 준다. 1년 생육기간 동안 한 번 정도만 잘라 주면 가을까지 땅을 덮어 풀을 막아 주고, 싱싱한 이파리로 볼거리를 제공해 주고, 여름 끝날 때까지 꽃도 피우고, 여름 장마도, 겨울 한파도, 웬만한 가뭄도 괘념치 않는다.

많은 원예종 품종이 자연 발아가 없다고 하지만, 성장하기에 이상적인 환경이거나 수년씩 자라서 성숙한 개체가 되면 가끔은 씨가 떨어져서 올라오는 새싹들이 나타난다. 그런데 이 아이는 국물도 없다. 그래도 괜찮다. 이 정도면 충분하다. 안정적인 직장에 아파트 장만까지 했으면 되었다.

치마폭이 큰 식물이다. 가끔 이웃하고 있는 겹꽃 에키나시아나 아스트란티아를 덮쳐서 찌그러져 자라게 하는 일도 있다.

정확한 품종명은 모르겠으나 화이트 가든에서 매년 만나는 숙근제라늄이다. 흰 꽃을 만나기가 참 어려운 일인데 어쩌다 흰 꽃 숙근제라늄을 만났다.

여름 *Summer*

에키나시아 *Echinacea purpurea*
팔리다에키나시아·파라독사에키나시아 *Echinacea pallida·E. paradoxa*
긴산꼬리풀 '블루 셰이즈' *Veronica longifolia* 'Blue Shades'
아스틸베 *Astilbe*
헬레니움 '무어하임 뷰티' *Helenium* 'Moerheim Beauty'
원추리 *Hemerocallis*
버지니아냉초 '패시네이션' *Veronicastrum virginicum* 'Fascination'
살비아 프라텐시스 *Salvia pratensis*
서양붉은터리풀 '베누스타' *Filipendula rubra* 'Venusta'
까칠하늘바라기 '블리딩 하트' *Heliopsis helianthoides* var. *scabra* 'Bleeding Heart'
리아트리스 스피카타 *Liatris spicata*
페르시카리아 암플렉시카울리스 '파이어테일' *Persicaria amplexicaulis* 'Firetail'
꽃배초향 '블루 포츈' *Agastache* 'Blue Fortune'
러시안세이지 '블루 스파이어' *Perovskia atriplicifolia* 'Blue Spire'
유파토리움 두비움 '베이비 조' *Eupatorium dubium* 'Baby Joe'
맥문동 *Liriope muscari*
촛대승마 '블랙 네글리제' *Actaea simplex* 'Black Neglegee'
호스타 *Hosta*
실유카 *Yucca filamentosa*
모나르다 '버블검 블라스트' *Monarda* 'Bubblegum Blast'
반들꿩의다리 *Thalictrum lucidum*

H	3~8
↕	60~120cm
↔	45~80cm
✿	초여름~한여름
☀	양지
◊	건조~보통

에키나시아

에키나시아 (정명 자주천인국) 27
Echinacea purpurea

홍어 빠진 잔칫상은 잔치가 아니라 했던가. 나에게는 에키나시아가 그렇다. 에키나시아가 없으면 정원이 아닌 것 같다. 가뭄이 와도 장마가 와도 끄떡없고, 월동도 문제없는 에키나시아의 강하고 억척스러운 모습과 거의 두 달 정도 지속되는 개화기, 빨강·노랑·주황·하양 등 보라 빼고는 모든 색의 꽃을 피우는 다양함까지. 이 정도면 어느 맞선자리에 내놓아도 빠지지 않는 신랑감 아닌가? 에키나시아는 신부 아니고 신랑이다. 한들거리는 치마 대신 뻣뻣한 데님 작업복을 입고 있는 건장한 남자 같은 느낌이다.

대학 신입생 오리엔테이션을 할 때, 유독 도드라지는 친구가 있었다. 우락부락한 사내 같은 느낌에 털털하고, 눈치를 보지도 않았으며, 리더십도 있고, 목소리도 걸걸한 그 친구는 여대에 어울리지 않는 중성적인 캐릭터였다. 그런데 그 친구는 점점 '여성화' 되어 갔다. 파마도 하고, 화장도 하고, 미팅이 있는 날에는 스커트에 머리띠도 하고 나왔다. 점점 그 친구의 매력이 사라져 갔다. 에키나시아를 보면 그 친구가 생각난다. 다행스럽게도 에키나시아는 화장도, 파마도, 하이힐도 찾지 않아서 장군 같은 느낌이 사라질 것 같지 않지만 해가 갈수록 더 강인한 장군이 될까 걱정스럽기는 하다.

몇 년만 키우면 작은 정원에서는 부담스러울 만큼 덩치가 커진다. 키도 폭도 1미터를 넘나들 만큼 커 버린다. 식재디자인에서 중요한 요소인 '반복'을 하자니 너무 덩치가 커서 몇 개만 심어도 정원을 가득 채운다. 게다가 자연 발아도 잘한다. 꽃이 지고 나면 까만 씨송이가 실루엣처럼 말라서 가을 부터는 마른 꽃대만으로도 그림 같은 풍경을 만들어 내지만 문제는 씨가 흩어져서 다음 해 봄이 되면 여기저기서 올라오는 새싹들이 잡초만큼이나 힘들게 한다. 그래서 이곳 저곳에 심었던 분홍색 꽃을 피우는 에키네시아가 지금은 암석가든에만 모여 있다. 다른 곳에서 살고 있던 아이들은 모두 다른 품종으로 바꾸었다. 암석가든에서는 바위의 무게감과 크기와 비례가 잘 어울린다. 굳이 키를 작게 하지 않아도, 굳이 덩치를 줄여 주지 않아도 원래 가지고 있는 본성을 마음껏 펼쳐도 흠이 되지 않는 이곳이 에키네시아가 제 뜻대로 살 수 있는 곳이다.

여러 색깔이 혼합되어 있는 '샤이엔 스피리트Cheyenne Spirit'. 어느 순간부터 빨강과 주황이 좋아지면서 오렌지 색깔 꽃만 골라서 늘려 나가는 중이다.

겹꽃 에키나시아 '블랙베리 트러플Blackberry Truffle'. 시중에서 유통되는 겹꽃 에키나시아 대부분이 키가 작은 왜성종이다. 아마도 우리나라 정원이 대개 작은 사이즈이기 때문이리라.

늦여름이 되면서 패기 시작하는 그라스의 이삭과 찰떡같이 어울리는 씨송이들.

한여름에 절정을 이루는 에키네시아 일반 종은 리아트리스와
페로브스키아의 보라색 꽃과 그림처럼 잘 어울린다.

여름 Summer

팔리다에키나시아·파라독사에키나시아

팔리다에키나시아·파라독사에키나시아 28
Echinacea pallida · E. paradoxa

H	3~8
↕	60~90cm
↔	30~45cm
✿	초여름~한여름
☀	양지
◊	건조~보통

팔리다에키나시아와 파라독사에키나시아, 그리고 팔리다에키나시아 '훌라 댄서Hula Dancer'는 모양이 비슷해서 같은 식물인 것 같은데 그렇지 않다. 분홍색 꽃이 피면 팔리다, 노란색 꽃이 피면 파라독사, 흰색 꽃이 피면 '훌라 댄서'로 알고 있으면 될 것 같다. 에키나시아 일반 종과 비교하면 이 에키나시아는 미녀와 야수 같다. 새색시처럼 나긋나긋한 모양과 몸짓을 보여 준다. 이 세 종류의 에키나시아는 비슷해 보여도 막상 키워 보면 습성에서 확연히 차이가 난다.

가장 튼튼하고 손이 거의 안 가는 에키나시아는 파라독사다. 희한하게도 키도 덩치도 모양도 비슷한데 파라독사는 쓰러지는 법이 없다. 일반 종처럼 꽃이 계속 올라오는 것도 아닌데, 먼저 핀 꽃들이 오래 버틴다. 그래서 다른 것들과 개화 기간이 비슷하다. 정원식물로 더할 나위 없는 식물이지만 찍박골정원에는 더 이상 없다. 왜냐면 '파스텔 톤' 정원을 만들 때에는 노란색만 피하면 다른 색들은 그럭저럭 잘 어우러지기 때문이다. 노란색은 자꾸 튀어 보여서 빼고 있는 색이다. 그러나 실은 노란색 꽃이 들어가면 정원이 환해진다. 마치 정전이 되어서 촛불로 어둠과 싸움을 하는 동안, 반짝 형광등이 켜졌을 때 온 세상이 환해지는 것 같다.

다음으로 키우기 수월한 아이는 나른한 느낌의 분홍색 꽃이 피는 팔리다! 노곤하게 눈이 반쯤 감겨져 있는 데다가 팔다리를 축 늘어뜨리고 소파에서 낮잠이 든 아이 같다.

가장 손이 많이 가는 에키나시아는 '훌라 댄서'다. 잘 쓰러진다는 이야기다. '훌라 댄서'는 지지대 없이는 키우기가 쉽지 않다. 병충해에도 약하다. 어느 해에 노린재의 공격을 심하게 받았던 때가 있었다. 다른 에키나시아에는 얼씬하지 않던 노린재가 '훌라 댄서'를 집중 공격하는 바람에 2/3 정도나 사라져 버렸다. 그래서 '훌라 댄서' 대신 분홍색 꽃이 피는 팔리다에키나시아로 바꾸어 심었다. 그래서 지금은 '훌라 댄서'보다 팔리다가 더 많다. 손은 훨씬 덜 가게 되었지만 흰색이 주는 한여름의 청량함과 화려한 맛은 조금 사라졌다. 정원의 색상을 이리저리 조합하다 보면 새하얀 색이 주는 화려함에 새삼 놀랄 때가 많다.

팔리다, 파라독사, '훌라 댄서' 모두 1미터 내외의 큰 키지만, 슬림한 실루엣 때문에 작은 정원에서 오히려 빛이 난다. 쬐박골정원에서는 대여섯 개를 모아 심어야 존재감이 드러난다.

초여름 무더위에 하얀색 원피스를 입은 단발머리 소녀 같다

분홍색 꽃이 피는 풀리다에키나시아.

H	4~9
↕	75~100cm
↔	60~90cm
✿	초여름
☀	양지
◊	건조

꼬리풀

긴산꼬리풀 '블루 셰이즈' 29
Veronica longifolia 'Blue Shades'

여러 종류의 식물을 키우다 보면 식물마다 하는 짓도 다르고, 심성도 다르다. 물이 조금만 부족해도 죽는 시늉하는 아이, 한 달 넘게 물을 안 주어도 꾹꾹 견디는 아이, 조금씩 오랫동안 꽃을 피워 주는 아이, 온 힘을 다해 꽃을 쏟아 내는 아이, 장마를 좋아하는 아이, 씨를 폭탄처럼 뿌려 대는 아이, 씨를 금쪽처럼 꼭꼭 숨겨 두는 아이 등. 식물을 보고 있으면 마치 인간 군상을 보는 것 같다. 따라서 모든 식물에게 느껴지는 애정의 깊이가 똑같다면 거짓말이다. 이렇게 장황하게 서두를 늘어놓는 이유는 이 아이를 향한 내 마음이 탐탁지 않아서다. "너 싫어"라고 말하기 미안하니까.

초여름에 분홍색 꽃이 피는 아스틸베, 에키나시아 '훌라 댄서'와 섞어 줄 보라색 꽃이 피는 식물을 찾다가 이 식물을 만났다. 키도 훤칠하고, 색감도 좋고, 적당한 자연 발아, 장기 개화 등 여러 가지 점에서 만족스러웠다. 그런데 막상 키워 보니 덩치가 심상치 않게 커져서 지지대 없이 여름을 나기가 쉽지 않았다. 단지 그 이유 하나만으로 탐탁지 않다고? 가만 생각해 보니 그렇다. 색감도 좋고, 초여름에 꼭 필요한 꽃이지만 항상 마음속으로는 더 좋은 다른 선택지를 궁리하고 있었던 것이다.

긴산꼬리풀은 건조한 토양을 좋아하지만, 장마에 녹아 없어질 정도로 습기를 못 견디는 편은 아니다. 그리고 한 달 정도 풍성하게 꽃대를 올린다. 꽃이 지고 나서 반 정도 잘라 주는데, 그러면 다시 꽃대를 올린다. 물론, 초여름만큼은 아니지만 '보라색 꽃이 있구나'라는 느낌이 들 정도로 2차 개화를 한다.

꽃이 피고 나서 야박하게 다시는 꽃을 피우지 않는 식물이 많다. 아이리스, 별정향풀, 금낭화, 아스틸베 같은 식물은 뒤도 돌아보지 않고 떠나는 '나쁜 남자' 같다. 그런데 이렇게 지속적으로 꽃대를 올려 주는 아이들은 색감이 약해지는 늦여름 정원으로 갈수록 큰 몫을 해 준다. 살비아 프라텐시스*Salvia pratensis*, 리블루밍rebloomimg 계열의 원추리들, 플록스, 코레옵시스 같은 개화기가 긴 식물들이 그렇다. 긴산꼬리풀도 그렇다. 차근차근 장점을 손가락으로 꼽아 보니 속 깊게 여러 가지로 나를 챙겨 주는 오래 묵은 '여자 사람' 친구였구나!

분홍색 아스틸베도 뾰족뾰족, 긴산꼬리풀도 뾰족뾰족, 앞쪽에 있는 그라스 파니쿰도 뾰족뾰족! 왜 이렇게 심었을까? 공식에서는 벗어났지만 보기 좋으면 그만이다.

정원에서 피는 꽃을 보고 있으면 보라와 파랑은 많이 다르다. 보라색보다 더 환한 파란색 꽃은 언제나 환영이다.

아스틸베, 노루오줌

아스틸베 30
Astilbe

H	4~8
↕	60~90cm
↔	60~90cm
❀	초여름
☀	양지/반음지/음지
💧	보통~습윤

반음지뿐만 아니라 그늘에서도 꽃을 피운다는 아스틸베는 생각만큼 햇볕을 못 견디는 것은 아니다. 걱정했던 것보다는 훨씬 강인하다. 아스틸베 같은 반음지 식물 중에서도 우리나라 한여름의 땡볕을 잘 견디는 아이들이 제법 있다. 오히려 꽃으로만 보자면 양지에서 사는 식물들이 더 화려하고, 더 풍성하고, 더 짱짱하게 꽃을 피운다. 8월 한낮에 겉에 있는 이파리들이 낑낑거리면서 타들어 갈 때도 그 속에 있는 잎들은 겉잎을 지붕 삼아 싱싱하게 잘 자란다. 그래서 3~4년 묵은 아스틸베는 이파리가 많고 뿌리도 많아서 그런지 여름을 잘 견뎌 낸다.

토양을 말리면 안 된다는 점 이외에는 버릴 것이 없는 식물이다. 봄부터 서리 내리는 가을까지 잔손이 가지 않는다. 데드헤딩도 필요 없고, 풀을 뽑아 주지 않아도 될 만큼 알아서 잡초도 막아 준다. 이파리가 겹겹으로 풍성하게 땅에 그늘을 드리워서 풀씨가 발아하지 못한다. 가을 즈음, 마른 이파리를 들추어 보면 풀 한 포기 없이 깔끔하다. 꽃이 지고 나서 볼썽사나워진 줄기와 이파리를 잘라 주어야 하는 일도 없다. 지지대를 해 주지 않아도 잘 쓰러지지 않는다.

아스틸베는 품종에 따라서 차이가 크게 없다. 키와 색상이 다를 뿐이다. 품종 대부분이 늦봄에서 초여름이 시작될 때 꽃이 피고, 쓰러짐이 적고, 나무수국*Hydrangea Paniculata*처럼 꽃이 시들지 않고 말라 간다. 그래서 그라스와 섞여 있으면 분간이 안 될 정도다. 꽃이 피었다가 그라스처럼 마르며 마무리하는 깔끔한 식물이다. 한두 달씩 꽃을 피우도록 육종된 품종들이 많이 쏟아지는 요즘에는 2~3주 정도의 개화기가 길다고 할 수는 없지만, 그라스처럼 말라 가는 특성이 장기 개화라는 장점을 대신할 수 있지 않을까 싶다.

시장에 나와 있는 아스틸베는 왜성종이 많다. 우리나라의 정원들이 크지 않고, 큰 초화류에 비해 작은 아이들이 덜 쓰러져서 손이 덜 가기 때문이리라. 그래서 키 큰 품종을 원한다면 꼼꼼하게 사이즈를 확인해야 하는 번거로움이 있다. 그래도 아스틸베는 키가 큰 아이가 멋지다. 꽃송이가 큰 편이라 날씬하게 길게 뻗은 줄기에 매달려야 있어야 팔등신같이 볼품이 난다. 왜성종은 '숏 다리'에 큰 꽃송이를 이고 있는 것 같다. 아마 왜성종도 나처럼 다음 세상에는 큰 키로 태어나고 싶어할 것 같다.

나무 그늘 아래 음지인 개울가에서 아스틸베의 흰 꽃이 피면 깜깜한 산중을 비추는 보름달처럼 주변이 온통 환해진다.

꽃망울이 생기고 만개할 때까지는 줄기가 빨간색이다. 만개했을 때의 분홍빛 꽃보다 꽃이 피기 전 빨간색 줄기가 더 강렬하다.

헬레니움

헬레니움 '무어하임 뷰티' 31
Helenium 'Moerheim Beauty'

H	3~8
↕	70~120cm
↔	50~60cm
🌸	초여름~늦여름
☀	양지
💧	보통

지금의 헬레니움에 정착하기까지 대여섯 종류의 품종을 거쳤다. 처음 만난 헬레니움은 노란색 꽃이 피는 일반 종이었다. 워낙 오래 피는 꽃으로 유명한 식물이라 기대가 컸다. 첫해에는 물론 꽃이 피지 않았고, 덩치도 크게 문제 되지 않았다. 두 번째 해부터 꽃이 피었는데, 문제는 꽃이 아니었다. 봄이 지날 무렵에 이미 1미터 넘게 자랐고, 꽃이 피는 늦여름이 되자 이 덩치 큰 아이는 토네이도가 쓸고 지나간 것처럼 쓰러졌다.

다음 해부터는 봄이 지나기 전에 반으로 싹둑 잘라 주었다. 장마가 지나니 잘라 준 만큼 또 자라서, 또 잘라 주었다. 덩치가 어느 정도인가 하면 한 포기의 절반 정도를 잘라 내면 외발수레가 거의 가득 찬다. 봄에 한 번, 장마 후에 또 한 번, 두 번 순지르기곁가지 발생, 꽃과 열매 수를 증가시키기 위해 줄기 끝이나 곁순을 잘라 내는 일를 했는데도 또 커져서 꽃을 포기하고 한여름에 잘라 냈다. 그럼에도 기어이 꽃을 피웠다. 고집 센 중2와 싸우는 것 같았다. 그렇게 싸우고 나면 나는 맥이 풀려 버리는데, 중2는 방실방실 웃으며 노란 꽃을 또 피운다. 그렇게 1년에 두세 번씩 순지르기를 해 주었지만, 여전히 높게 자라서 쓰러지기는 마찬가지였다.

새로운 헬레니움을 찾아 '헬레나 레드 셰이즈 Helena Red Shades', 이름도 기억이 나지 않는 왜성종, '사힌즈 얼리 Sahin's early', '루빈츠베르크 Rubinzwerg', '발트라우트 Waltraut' 품종을 구해 심었다. 중매결혼이 대세였던 시절에 선을 열 번이나 보았다는 친구가 이해가 되었다. 그러다가 '무어하임 뷰티'를 만났다. 몇 해 전부터 꾸준히 찾아 헤매던 품종이었다. 그리고 마침내 마음에 드는 헬레니움을 찾기 위한 정처 없는 유랑이 끝났다. 적당한 키, 풍성한 꽃, 석 달 가까이 지속되는 개화기, 자연 발아 없음, 월동과 여름 장마에 모두 OK! 덩치가 좀 크다는 것이 작은 정원에서는 단점이라 할 수는 있겠다.

보통의 식물처럼 1~2년 차에는 거의 쓰러지지 않았지만, 역시나 3년 차가 되자 덩치가 커지면서 쓰러지는 아이들이 생겨났다. 이른 봄에 순지르기해 주고, 3~4년 간격으로 분주하면서 키워야 한다. 번거롭기는 하지만 잔손이 가지 않는 초화류가 있을까? 그래도 막무가내로 덩치를 키우고는 대책 없이 쓰러지던 노란색 꽃 헬레니움과 비교해 보면 현대 과학의 승리이자 자본주의의 승리다.

마침내 만난 헬레니움 품종 '무어하임 뷰티'. 내 마음에 쏙 든다.

봄꽃과는 달리 여름에 꽃을 피우는 식물들은 두세 달씩 장기 개화하는 식물들이 있다. 그러나 같은 풍경을 두세 달 보고 있자면 가끔은 지루하다는 배부른 투정을 하기도 한다.

여름 *Summer*

H	3~8
↕	30~60cm
↔	30~60cm
✿	초여름
☀	양지/반음지
◊	보통

사계원추리

원추리 _32_

Hemerocallis

서울에서 살 때 아파트 뒤쪽에 야트막한 산이 있었다. '산'이라기에는 지금 살고 있는 찍박골 주변의 산에 미안할 정도의 규모지만 그래도 산이라 불렸다. 많은 시민이 아침저녁으로 1시간 정도 산책하기 좋은 길이 나 있었고, 얼마 지나지 않아 공원으로 조성되어 산책로가 들어서고 쉼터가 생기고 운동 기구들이 들어왔다. 그리고 숲 언저리에 여러 가지 초화류가 심겼는데, 지금도 선명하게 기억에 남아 있는 모습은 바늘 들어갈 틈도 없이 들어찬 진딧물이었다. 그 꽃이 원추리라는 사실을 알게 된 것은 그로부터 수년이 지나고 내가 정원을 가꾸기 시작했을 때였다.

내가 심은 적도 없는 원추리에서 주황색 꽃이 피었다. 어디선가 묻어 온 모양이었다. 바위틈에 자리 잡은 한 포기는 해가 가면서 복리처럼 불어났다. 마침 그 자리에 새로운 정원을 만들 계획이 있어서 어렵게 뽑아낸 다음 다른 척박한 곳으로 옮겨 주었다. 그다지 욕심나지 않는 식물이었기 때문에 흙도 별로 없고 자갈이 많은 경사지이자 척박한 토양이었던 곳에 성의 없이 대충 심었다. 물론 심을 때를 제외하고는 물을 준 기억도 없다. 하지만 그런 환경에서 또 자라나더니 꽃을 피웠다. 워낙 척박한 토양이라 그런지 이전만큼 무럭무럭 자라지는 못했다.

이후로 정원을 조성하면서 이 토종 원추리를 넣고 싶지는 않았다. 번식력을 감당하고 싶지 않았기 때문이었다. 그래서 선택한 대안이 '사계원추리'라는 이름으로 유통되는 키가 작고 개화 기간이 긴 '리블루밍rebrooming' 원추리 종류였다. 1차 개화 이후 다시 꽃을 피운다는 특성이 마음에 들었고, 토양을 가리지 않는 투박함도 좋았다. 반음지에서도 땡볕 속에서도 투덜거리지 않고, 여름 장마에도 끄떡없고, 건조한 토양도 잘 견딘다는 점도 좋았다.

그런데, 지속적으로 개화하는 아이들이나 2차 개화를 하는 아이들은 시든 꽃을 잘라 주는 노고는 필수다. 꽃이 많으면 데드헤딩도 많이 해 주어야 한다는 사실! 시든 꽃송이를 잘라 주고, 씨 꼬투리도 잘라 내고, 지저분해진 이파리도 잘라 주고, 꽃이 매달려 있던 꽃대도 잘라 주어야 깔끔한 모습으로 다시 태어난다. 용기 있는 자가 미녀를 얻듯, 묵묵히 애쓰는 자만이 아름다운 정원을 얻는다.

'리블루밍' 원추리는 초여름에 절제 없이 펑펑 꽃을 피우는데도 다시 늦여름까지 드문드문 꽃을 내민다.

숲정원의 반음지에서 살고 있는 원추리. 양지보다 1~2주 정도 늦게 꽃이 피지만 서늘해서인지 개화기는 좀 더 길다.

냉초

버지니아냉초 '패시네이션' 33

Veronicastrum virginicum 'Fascination'

H	3~8
↕	90~120cm
↔	60~90cm
✿	한여름
☀	양지
◊	보통

나의 롤 모델 정원은 시싱허스트 캐슬 가든 Sissinghurst Castle Garden이다. 이곳에는 세계적으로 유명한 '화이트 가든'이 있다. 나는 이곳에서 본 식물 중에 버지니아냉초를 가장 심고 싶었다. 처음에는 그냥 꼬리풀Veronica인 줄로만 알았다. 꼬리풀과 버지니아냉초는 비슷하게 생겼지만 제법 다르다. 꼬리풀은 아무리 풍성하게 키워도 버지니아냉초의 카리스마를 따라잡을 수가 없다. 몇 년간 찍박골정원의 화이트 가든에서 제법 덩치가 있는 꼬리풀을 키우면서 아주 흡족했다. 그러나 시싱허스트 만큼 연출되지는 않았고 언제나 2퍼센트 부족한 모습이어서 기후와 토양이 달라서 그런 줄로만 알았다. 하지만 그 식물이 버지니아냉초라는 사실을 알게 되었을 때, 그리고 결국 그 식물을 손에 넣었을 때, 그리 흡족하던 꼬리풀이 한순간 너무 초라해 보였다. 몹쓸 변덕이 불쑥 올라와 하루 아침에 내 꼬리풀이 허접한 '짝퉁'처럼 보였다.

이 식물은 덩치가 몹시 크다. 정원이 작다면 꼬리풀이 더 나을 것도 같다. 키도 크고 덩치도 커서 순지르기 해 주지 않으면 잘 쓰러진다. 순지르기 해도 쓰러지는 아이들이 있지만, 다행스럽게도 이 아이는 5월 정도에 순지르기를 하면 지지대 없이도 가을까지 버텨 낸다. 이파리도 마주나지 않고 가느다란 창 모양의 이파리가 줄기를 빙 둘러서 난다. 이파리 모양도 아름답다.

가을의 모습은 또 얼마나 아름다운가? 아스틸베가 그라스처럼 말라 있다면 이 아이는 나무젓가락 같은 모양으로 그라스 사이에서 시선을 집중시키는 '포컬 포인트focal point' 같은 역할을 한다. 까만 씨송이가 얼마나 '시크'하게 수직으로 서 있는지, 수트를 잘 차려 입고 머리카락 한 올 흐트러지지 않은 베컴 같다. 순지르기를 하니 꽃송이가 아주 많다. 사이사이에 여백이 좀 있으면 좋으련만, 꽃들이 빽빽하게 가득 차서 꽃들 사이로 뒤쪽의 모습이 보이지 않는다는 것이 아쉬운 점이다.

건조 토양? 괜찮다. 습한 장마? 괜찮다. 쓰러짐? 순지르기 하면 된다. 공격적 번식력? 없다. 결론? '강추'한다. 가만 생각해 보면 이 정도의 장점을 가진 식물은 제법 있다. 그런데도 유독 이 식물을 사랑하는 이유가 선명하지 않다. 나도 내 마음을 잘 모르겠지만 아마도 작년 가을 그라스 사이 사이에서 보여 준 까맣게 마른 꽃대에 마음을 훅 빼앗겼기 때문인 것 같다.

버지니아냉초의 카리스마는 정원식물 중 최고리 해도 시비가 생길 것 같지 않다.

그라스보다 더 그라스처럼 가을 정원을 원숙하게 만들어 주는 버지니아냉초의 씨송이.

예쁘고, 화려하고, 꽃 오래 피고, 덩치까지 짱짱한! 한여름의 정원은 그야말로 잘나가는 아이돌들의 소리없는 전쟁터 같다.

H	4~8
↕	60~90cm
↔	60~90cm
🌸	초여름
☀	양지
💧	건조~보통

살비아

살비아 프라텐시스 34
Salvia pratensis

찍박골정원에서 살고 있는 살비아는 살비아 네모로사 '카라도나' *S. nemorosa* 'Caradonna'와 살비아 프라텐시스 두 종류다. '엄마가 좋아? 아빠가 좋아?'를 묻는 것 같은 하나마나 한 게임을 했을 때 승자를 꼽으라면 그래도 항상 '카라도나'였다. 살비아 프라텐시스를 우위에 두지 않았던 이유는 순전히 나를 귀찮게 하기 때문이었다. 잘 쓰러지니까! '카라도나'보다 1.5배 정도나 키도 덩치도 크니까 그럴 수밖에 없지만, 그래서인지 마음은 항상 '카라도나' 편이었다.

그러다가 심은 지 5년 차가 되는 해 여름에 이 살비아 프라텐시스가 진정한 두 번째 개화를 보여 주었다. 찍박골정원은 서리가 빨리 내리는 지역이라 2차 개화가 어렵다고 생각했었다. 그동안 존재감을 느낄 수 있을 정도의 2차 개화를 보여 준 식물은 코레옵시스 *Coreopsis* 정도였다. 그래서 2024년 늦은 여름에 살비아 프라텐시스가 왜 그리 풍성하게, 영혼을 다해 2차 개화를 했는지는 잘 모르겠다.

살비아는 꽃이 지고 나면 이파리가 흉한 모습으로 변해 식물 전체의 반 정도를 잘라 낸다. 그리고 나면 금새 푸른 이파리를 다시 낸다.

그 후로 얼마쯤 지나고 나면 또 꽃을 피운다. '학교 다녀왔습니다'라고 인사하는 아이만큼이나 영혼 없는 2차 개화를 한다. 그러나 작년에 2차로 풍성하게 꽃을 피운 이 식물을 보면서 변덕 본능이 되살아났다. '카라도나' 만큼은 아니겠지만 그에 버금갈 정도로 예뻐해 주기로 했다. 이 변덕에 대해 변명하자면, 지난해 긴 장마에 늦여름 보라색을 담당해야 할 층꽃나무 *Caryopteris × clandonensis*가 망가졌다. 보라색이 빠져 버리면 오렌지색 헬레니움꽃과 분홍색 여뀌꽃의 강렬한 색감이 서로 다투면서 요란스럽기만 한 정원이 될 것 같았다. 그래서 망가진 층꽃나무를 대신할 수 있을 정도로 두 번째 개화를 해 준 공로를 인정하기로 했다.

찍박골정원은 규모가 비교적 넓기 때문에 큰 식물을 선택한다. 그런데 시중에서 유통되는 살비아는 20센티미터 내외의 작은 것들이 대부분이다. 물론 찍박골정원에서도 한때 그런 아이들이 살았었다. 키 작은 흰색, 파란색, 분홍색 살비아가 살았지만 지금은 더 이상 없다. 그러나 정원이 작은 편이라면 작은 살비아도 좋은 선택일 것 같다.

2차 개화를 하고 있는 살비아 프라텐시스.

초여름에 빽빽하게 피어나는 1차 개화보다 한여름에 성기게 피어나는 2차 개화가 더 멋스럽다. 지극히 개인적인 생각이지만.

H	3~8
↕	150~250cm
↔	90~120cm
꽃	초여름
☀	양지/반음지
💧	보통~습윤

터리풀, 단풍터리풀

서양붉은터리풀 '베누스타' 35

Filipendula rubra 'Venusta'

내가 살고 있는 산동네에는 여름이 되면 보송보송한 솜털 같은 터리풀 F. glaberrima 꽃이 듬성듬성 피어 난다. 자생종이라 풍성한 느낌은 아니지만 꽃이 피어 있다는 사실을 인지할 수 있을 정도로는 핀다. 그것도 꽃을 좋아하는 내 눈에나 보이는 것이지 남들 눈에는 잘 안 띄는 모양이다. 손가락으로 가르쳐 주어도 반응이 신통찮다. 물론 꽃도 신통찮다.

정원을 가꾸는 입장에서 보면 자생종은 동전의 양면 같다. 기후변화를 생각하면 오랫동안 이 땅에 뿌리를 내리고 살아 온 자생종이 답인 것 같지만, 볼품 있는 정원을 만든다는 측면에서 보자면 매혹적인 맛이 부족하고, 개화기도 짧고, 정원을 풍요롭게 해 주지는 못한다. 자생종을 정원식물로 사용하자는 의견에 대해서는, 어차피 정원은 인간이 만든 공간이지 자연 자체는 아니기 때문에 정원을 아름답게 해 주는 식물 즉, 자생종이 아닌 정원 용도에 맞게 육종된 원예종을 사용하는 것이 맞다는 생각이다.

그래서 터리풀도 '멀티플렉스Multiplex'와 '베누스타Venusta'라는 품종을 선택해 키웠다. '멀티플렉스'는 흰 꽃이 몽실몽실하게 피는데 개화기가 짧았다. 이보다 더 큰 문제는 흰가루병이었다. 꽃이 지기도 전에 흰가루병에 걸려 앓아 눕는다. 병색으로 얼룩져 너덜거리는 이파리는 전혀 관상 가치가 없어서 매년 꽃이 지고 나면 땅바닥 가까이 바싹 잘라 주곤 했다. 그래서 '단풍터리풀'이라는 이름으로 유통되는 '베누스타'로 갈아탔다. 내가 가장 좋아하는 영국의 정원디자이너 '댄 피어슨Dan Pearson'의 정원에 감초처럼 등장한다는 이유만으로 내 정원에 들어오게 되었다. 그런데 막상 한 식구가 되고 보니 이 아이도 내 정원에서는 그다지 모범적인 식물은 아니었다. 우선 내 키를 훌쩍 넘나드는 데다가 생육 환경이 너무 좋았는지 뿌리로 번식하는 이 아이는 쑥보다 더 빠르게 세력을 키워 갔다. 지지대가 무색하리만큼 쓰러져 버려서 관상 가치가 있다는 마른 꽃을 포기하고 잘라 내야 했다.

당장 이 식물을 퇴출시키지 않는 이유는 장미나 국화 같은 전형적인 꽃 모양보다 미역취나 촛대승마 같이 '제멋대로'의 모양을 좋아하기 때문이다. 또 혹시 이 터리풀 속에 들어 있을지도 모르는 '댄 피어슨의 영감'을 제대로 이해하는 날이 어느 날 '현타'처럼 올 것 같아서인지도 모르겠다.

흰 꽃을 피우는 '멀티플렉스'는 흰가루병 때문에 포기한 식물이지만, 돌이켜 생각하면 살균제 한번 뿌려 주었으면 되었을 텐데, 하는 아쉬움이 남는다.

자유로운 꽃 형태가 너무 사랑스럽지만 덩치가 부담스러워서 내년 봄에는 순지르기해서 키워 볼까 한다.

H	3~9
↕	60~90cm
↔	40~50cm
✿	초여름~한여름
☀	양지
💧	건조~보통

하늘바라기, 까칠하늘바라기

까칠하늘바라기 '블리딩 하트' 36

Heliopsis helianthoides var. *scabra* 'Bleeding Heart'

가드닝에 대해 아무것도 모르는 상태에서 영국 가든 투어를 다녀왔다. 그래서 정원은 그렇게 만들어야 하는 줄 알았다. 정원은 깔끔해야 하고, 돈도 들여야 하고, 컬러 콘셉트도 있어야 하고, '빈티지'한 느낌이 있어야 한다고 생각했다. 그래서 녹슨 철과 생나무로 구조물을 세우고 컬러 콘셉트에 맞게 조성한답시고 노란색, 주황색, 빨간색 꽃은 아예 거들떠 보지도 않았다. 시간이 지나면서 나이 탓인지 좀 더 재미난 가드닝을 위해서라면 '빨강'을 정원에 들이는 일이 대수랴 싶었다. 그래서 암석가든을 컬러 콘셉트가 없는 정원으로, 뭐든 심어도 되는 '내 마음대로 정원'으로 만들기로 했다. 그래서 노란색과 빨간색 꽃이 섞여서 피는 까칠하늘바라기를 암석정원에 심어 주었다.

 이 식물을 심어야겠다고 결정한 이유는 꽃보다 이파리 때문이었다. 까만 줄기에 구릿빛이 도는 이파리가 제법 지적인 세련미를 풍겼다. 구릿빛 이파리나 노란빛이 도는 연두색 이파리는 꽃처럼 도드라지지는 않지만 은근하게 정원을 풍성하게 해 준다. 그리고 정원의 완성도를 높이는 데 큰 도움을 준다. 그러나 아무리 꽃 없이 이파리만으로 아름다운 정원을 만들 수 있다 해도 꽃과 이파리의 역할은 분명 다르다. 며느리와 딸이 다른 것처럼 말이다.

 이 식물의 꽃은 벽돌색으로 피어나서 망고색 같은 노랑으로 변했다가 갈색으로 저물어 간다. 그래서 붉은색 꽃과 망고색 꽃이 섞인 채로 두 달 정도 혹은 그 이상 피어 있다. 사이즈는 1미터 약간 못 되는 키에 50센티미터 정도의 폭이라 덩치가 그리 크지 않다. 작은 정원에 잘 어울릴 만한 몸집에다가 토양 조건도 까다롭지 않다. 건조에도 강하고 여름 장마에도 끄떡없다. 겨울보다 여름을 더 힘겹게 나야 하는 기후변화 시대에 이런 정원식물들을 만나는 것은 횡재다. 또 하나 다행스러운 사실은 '샛노란' 노랑도 아니고 '새빨간' 빨강도 아니라는 점이다.

 그래서 '내 마음대로' 암석정원에서 제법 양념 같은 역할을 해 주고 있다. 푸른 샐러드에 섞인 빨간 방울 토마토처럼 암석가든에 흩뿌려진 까칠하늘바라기가 때깔 좋은 '정원 맛집'을 만들어 주었다.

줄기가 빽빽하게 자라나지 않아서 구릿빛 이파리와 까만 즐기가 더욱 돋보인다.

꽃이 점점 망고색으로 변해 가서 노란색 꽃으로 피어 있는 기간이 더 길다.

파스텔 톤의 정원에 노란색 꽃들이 폭탄처럼 피어났다. 그래서 '노랭이' 정원이 되어 버렸지만, 덕분에 멀리서도 '아이 캐칭' 할 수 있을 만큼 화려한 정원이 되었다.

여름 *Summer*

리아트리스

리아트리스 스피카타 37
Liatris spicata

H	3~9
↕	60~90cm
↔	40~60cm
❁	초여름
☀	양지
◊	보통

식물을 심다 보면 처음부터 확신이 오는 아이들이 있다. 리아트리스가 그런 편이었다. 워낙 가드닝 잡지나 인터넷으로 많이 접했던 식물이라 낯설지도 않고, 구하기도 쉬웠기 때문에 당연히 내 정원에 잘 맞고, 심어야 할 종류라고 생각했다. 그런데 심고 나서 2~3년간은 계속 이런 성향의 아이구나 싶으면 아니고, 아닌가 싶으면 또 그렇고 해서 좀처럼 종잡을 수가 없었다. 여러 자료에 따르면 엄청 건조에 강한 식물이다. 의심 없이 암석가든이 바른 자리라고 생각해서 심었는데, 성장세가 신통치 않았다. 꽃대가 올라오면서부터 쓰러지기 시작하고, 개화기도 그다지 길지 않고, 딱히 좋은 점을 찾기가 어려웠다. 리아트리스는 꽃이 지고 난 모습이 아름답기로 유명한 식물 아닌가! 그래서 마른 씨송이를 가을까지 그대로 놔두었다가 다음 해 봄이 되었을 때에는 리아트리스 새싹만으로 김치를 담가도 될 만큼 많이 뽑아냈다. 자연 발아를 너무 잘해서 성가시다는 점도 그다지 마음에 들지 않았다.

그러나 3년쯤 되었을 때부터 식물이 풍성하게 자라면서 쓰러지지 않았다. 그런데 이렇게 된 이유에는 지금도 확신이 없다. 그해부터 암석가든에도 물을 주기 시작했기 때문이다. 나이가 차서 풍성해진 것인지, 물 관리를 잘해서 그런 것인지는 잘 모르겠다.

원래 암석가든은 암석 자체가 건조하기도 하고, 경사지이기도 해서 건조에 강한 식물들로만 골라서 식재한 정원이었다. 그래서 봄 가뭄에도 관수를 따로 한 적이 없었다. 그러다가 어느 해부터 봄 가뭄이 아주 심할 때 물을 주었다. 그런데 생각지도 못한 일들이 일어났다. 네페타*Nepeta*, 페로브스키아*Perovskia*, 리아트리스, 큰꿩의비름*Hylotelephium spectabile* 같은 건조에 강하기로 소문난 선수들의 성장이 눈에 띄게 달라졌다. 이전에 비해 훨씬 튼실하게 그리고 풍성하게 자라나서 쓰러지지 않았다.

아무리 건조에 강한 식물도 수분과 양분이 적절하게 제공이 되었을 때, 훨씬 더 잘 자라고 정원이 풍성해진다는 사실을 알았다. 풍성하게 자란 큰꿩의비름과 네페타는 분주하고, 대상화는 뽑아서 좋은 사람들과 나누었다. 차 트렁크가 입을 다물지 못할 만큼 싣고 갔다. 내 마음이 입을 다물지 못할 만큼 흐뭇해졌다.

리아트리스도 디기탈리스나 루피너스처럼 꽃이 수직 원통형으로 달리지만, 리아트리스는 위부터 아래로 꽃이 피어난다.

암석가든의 무게감 있는 바위 사이에서 솟아나는 리아트리스는 초화류 사이에 있을 때보다 더 멋스러워 보인다. 바위의 덩어리 느낌 때문인 것 같다.

가을도 겨울도 이 모습 이대로 놔두고 싶다. 그러나 워낙 자견 발아를 잘하는 아이라 새싹 뽑아낼 일이 성가셔서 씨가 여무는 늦여름에 모두 잘라 낸다.

여름 Summer

여뀌 '파이어테일'

페르시카리아 암플렉시카울리스 '파이어테일' ___38___
Persicaria amplexicaulis 'Firetail'

H	4~8
↕	90~120cm
↔	90~120cm
✿	한여름~늦여름
☀	양지/반음지
○	보통~습윤

귀한 것은 쉽게 얻어지지 않는다고, 오래 전부터 구하고 싶은 다섯 가지의 품종을 '위시 리스트'에 올려 놓고는 틈이 날 때마다 '클릭품', '발품', '전화품'을 들이고 다녔다. '파이어테일'은 가장 마지막으로 구한 식물이었다. 물론 그중에는 여러 자료에 나와 있는 정보와는 달리 월동하지 못해서 없어진 식물도 있고, 찍박골정원의 기후 환경에 적응하느라 아직도 낑낑거리는 식물도 있지만 이 여뀌속 식물은 우려와는 달리 땡볕 아래에서도 너무나 훌륭한 풍경을 만들어 주면서 여름 찍박골정원의 시그니처가 되었다.

이 식물의 좋은 점은 우선 세 달 정도 지속되는 긴 개화기다. 한 여름부터 피기 시작하면 가을 초입까지 피어 있다. 더 좋은 것은 식물이 '투명'하다는 점이다. 예를 들어 에키나시아 일반 종의 경우에는 키도 비슷하고 몸집도 비슷하지만 꽉꽉 들어찬 줄기와 이파리 때문에 뒤에 서 있는 식물을 가려 버린다. 그러나 이 식물은 길쭉길쭉한 꽃대와 쭉쭉 뻗은 가느다란 줄기가 무작위로 올라와서 불규칙한 선을 만들어 내며 멋진 비구상 그림을 만들어 낸다. 그리고 그 사이사이 빈 공간으로 뒤쪽에 서 있는 꽃이 중첩되어 보인다.

그 투명함이 좋다. 시스루 블라우스의 느낌과는 또 다른 시스루의 느낌이다.

아쉬운 점도 있다. 여러 곳에서 재배 테스트를 해 본 결과, 이 식물은 우리나라의 일반적인 기후 조건에서는 적응이 어렵다는 평가를 받은 것 같다. 다만 여름이 비교적 서늘한 찍박골정원에서는 무난히 잘 자라고 있다. 또 다른 아쉬운 점은 덩치가 너무 크다. 1미터가 넘는다. 키도 그렇고, 폭도 그렇다. 게다가 슬금슬금 매년 포기가 더 커진다. 해가 갈수록 이 아이를 제대로 키우려면 옆에 자라고 있던 아이들을 옮겨 주거나 2~3년에 한 번씩 뿌리를 잘라 내서 성장을 조절해 주어야 한다. 그렇다고 해서 뿌리로 엄청 번지거나 씨를 뿌려 대는 것은 아니다. 비교적 규모가 큰 찍박골정원에는 잘 어울리는 식물이다. 연이은 승전보로 기세등등하게 진군하는 점령군이 되지 않도록 세력을 조절할 필요가 있겠지만, 이 아이라면 기꺼이 감수할 수 있다. 또 원래 개울가에서 살던 식물이라 건조한 토양을 싫어한다. 그래서 토양이 마르지 않도록 신경을 써야 한다. 물론 그것도 감수할 수 있다.

뒤에 있는 꽃이 언뜻언뜻 보이는 '투명함' 때문에 앞줄에 심어도 답답하지 않다.

성기게 올라오는 줄기와 날씬한 꽃 실루엣 때문에 여러 꽃 사이사이에서 올라오게 배치하는 것을 좋아한다.

흰 꽃을 피우는 '알바Alba' 품종은 '파이어테일'보다 3주 가량 꽃이 늦게 피지만 구불거리는 꽃대가 너무나 매력적이다.

H	5~9
↕	60~90cm
↔	45~60cm
✿	한여름
☼	양지
💧	보통

배초향

꽃배초향 '블루 포춘' 39
Agastache 'Blue Fortune'

세계적인 가든 디자이너 피트 아우돌프의 정원에 반해 흉내를 냈다가 대패大敗했던 경험의 한가운데에 배초향A. rugosa이 있다. 그 당시 내가 심었던 배초향은 물고기 매운탕이나 감자탕 같은 음식의 고기 냄새를 중화할 때 쓰는 '방아풀'이라 불리는 향신료였던 것이다. 야생에서 자라는 토착종과 정원용으로 개발된 원예종이 얼마나 다른지 이때 절절하게 배웠다.

그 후로 신중하게 골라서 심은 꽃배초향 '블루 포춘'은 찍박골정원의 '키맨keyman'이 되었다. 숙근초 정원의 한여름은 화려한 아이돌 그룹이 난무하는 연예계 같다. 못생긴 아이도 없고, 춤 못 추는 아이도 없고, 몸매 좋지 않은 아이도 없다! 여름철 정원이 그렇다. 주홍색 헬레니움과 딸기색 여뀌속 식물, 루비색 다알리아가 세상 무서운 줄 모르고 절정의 아름다움을 뽐낼 때에 보라색 꽃배초향이 군웅할거의 세상에서 센 군주들을 진정시키는 큰 어른 같은 노릇을 한다. 그들 못지않은 화려하고 풍성한 모양새와 긴 개화기, 물을 챙겨 주지 않아도 끄떡없는 내건성, 병충해의 침입을 허락하지 않는 내병성, 자연 발아도 하지 않는 욕심 없는 맑은 성정으로 정원을 평정해 내는 묵직한 리더의 모습을 보여 준다.

그러나 이런 모범생 같은 식물도 아쉬운 점이 있다. 수명이 짧은 여러해살이풀에 속하기 때문이다. 잘 자라다가 어느 해에 갑자기 사라진다. 작년 가을 장마에 뿌리가 상했나? 너무 늦은 시기에 자리를 옮겼나? 이런 저런 이유를 궁리해 보다가 똑같은 일을 두 번째 겪었을 때 알게 되었다. 'Short-lived!' 정확하게 몇 년인지는 모르지만 '블루 포춘'은 3~5년 정도 사는 식물이었던 것이다. 그래서 이 식물과 오랫동안 함께하고 싶다면 여분의 모종을 여분의 장소에서 키워서 갑자기 사라지는 자리를 메워 주어야 한다.

계속 키워야 하나? 말아야 하나? 고민스럽기는 하지만 실은 다른 대안은 없다. 경험상 이만한 꽃을 만나는 일이 쉽지 않다는 사실을 잘 알기 때문이다.

"한여름에 피는 보라색 꽃을 찾습니다. 여러해살이풀이어야 하고, 꽃은 4주 이상 피어야 하고, 고온 다습한 여름에도 무탈해야 하고, 줄기가 튼튼해서 쓰러지지 않아야 하고, 병충해에 강하고, 번식력도 적당하고, 한여름의 '디바'들 속에서도 기죽지 않아야 합니다!"

"저요!" 꽃배초향이 손을 들었다.

한 달 정도 풍성하게 꽃을 피워 주고 그것도 부족했는지 말라 가면서 서서히 사라지는 보라색을 또 몇 주간 보여 준다. 여름이 절정일 때, 꽃배초향도 절정이다.

여름 Summer

H	4~9
↕	60~90cm
↔	60~90cm
✿	한여름
☀	양지
◊	건조

러시안세이지

러시안세이지 '블루 스파이어' 40
Perovskia atriplicifolia 'Blue Spire'

이 식물은 러시아가 자생지도 아니고 세이지살비아 종류도 아니다. 이파리에서 나는 향기와 성장 습성이 세이지와 비슷하고, '바실리 페로브스키 Vasily Perovski'라는 러시아의 장군 이름이 어찌어찌 복잡하게 얽혀서 만들어진 이름이다.

이 식물은 살비아보다 훨씬 건조하게 키워야 한다. 살비아는 장마에 녹을 정도는 아니지만 러시안세이지는 장마에 몸을 가누지 못한다. 매년 이른 봄에 은빛이 도는 회백색 줄기가 올라올 때는 희망찬 기대를 품게 되지만 장마가 시작되면 여지없이 바닥에 누워 버린다. 그렇게 3년을 속고 나서야 경사지이자 척박하다 싶은 암석가든으로 자리를 옮겨 주었다. 그리고 첫 꽃을 만났다.

그러나 건조한 땅에서 견디는 것이지 이 환경을 좋아한다는 뜻은 아니다. 모든 식물은 수분과 양분이 적절하게 공급되면 훨씬 더 잘 자란다. 배수가 좋고 건조한 토양에서도 잘 큰다고 해서 마냥 물도 안 주고 방치해 두어도 된다는 의미는 아니다. 물 잘 빠지고 기가 잘 통하는 좌청룡 우백호, 배산임수의 조건을 가진 풍수 좋은 자리를 찾아서 수분과 양분을 적절하게 공급해서 키워야 한다는 뜻이다. 이건 키우는 것이 아니고 모시라는 이야기다.

이 아이의 고급스러운 은색 줄기와 이파리는 서리 내릴 때까지 형태를 흐트러뜨리지 않고 자리를 지켜 주는 신의가 있다. 여름부터 피기 시작한 자잘한 꽃은 가을까지 피는데, 꽃이 데드헤딩을 해 줄 만한 형태가 아니라 시든 꽃 관리가 필요하지 않다. 이파리도 자잘해서 마르거나 시들어도 따로 정리할 필요가 없다. 대신 쓰러짐이 있어서 식물 지지대를 해 주어야 한다. 또 뿌리로 번식해 나가지만 빨리 크는 식물이 아니라서 번식력을 걱정할 정도는 아니다.

잘 나가는 아이돌들이 난무하는 한여름에 피는 아이라서 온갖 잘난 디바들과 함께 무대에 서야 하지만 부딪히지 않고 뒷전에서 조용히 도와주는 매니저 같은 꽃이다. 에키나시아와 어우러져 에키나시아를 돋보이게 해 주고, 변덕 심하고 애교 잘 피우는 추명국대상화 옆에서는 든든하게 서 있는 보디가드 노릇도 한다. 뭉실뭉실 꽃을 피우는 뚝심 있는 큰꿩의비름 옆에서 말없이 소주잔을 채워 주는 듬직한 친구가 되기도 한다.

꽃과 이파리가 드세지 않아서 잔잔한 배경으로 사용하기 좋다. 게다가 라일락색 꽃, 은색 줄기와 이파리가 고급스러워 배경으로 사용해도 주연만큼 빛이 난다.

뿌리로 번식하는 추명국이 날로 세력을 확장해서 러시안세이지가 자꾸 움츠러든다. 매년 추명국을 뽑아내서 세력 균형을 맞추고 있다.

향등골나물

유파토리움 두비움 '베이비 조' 41
Eupatorium dubium 'Baby Joe'

H	3~9
↕	90~120cm
↔	60~90cm
❀	한여름
☀	양지/반음지
♦	보통~습윤

나와 이 등골나물속 식물과의 관계는 신혼부부 5년 차 같다. 눈에 콩깍지가 씌어 있는 채로 2~3년을 보냈지만 지금은 양말 아무데나 벗어 놓고, 배가 축축 늘어져 있고, 휴일이면 소파와 혼연일체가 되어 리모컨과 과자부스러기로 하루를 보내는 미운 남편의 모습이다.

한여름이면 몽실몽실 피어 오르는 꽃 모양이 얼마나 이국적이고 매력적인지, 사진을 찍으면 또 얼마나 멋진 풍경화가 되는지, 감탄스러웠다. 화려함이 절정에 이르는 여름 꽃들과도 잘 어울리고, 물이 적으면 적은 대로 물이 많으면 많은 대로 토양 조건도 까다롭지 않았다. 개화기도 길고, 병충해 때문에 고생한 적도 없다. 어떤 구석도 부족함이 없을 것 같았던 완벽한 신랑감이었는데, 5년이 지나자 덩치 큰 부모의 유전자로부터 자유로울 수가 없었다. 등골나물속 식물이 원래 덩치가 큰 편이라 품종명이 '베이비 조Baby Joe'인 것을 보고 엄청난 가산점을 주고 선택했는데, '베이비'일 줄 알았던 이 식물도 역시 등골나물속의 피를 속일 수는 없었다.

이 식물은 점점 덩치가 커지더니 지금은 거의 관목처럼 자라고 있다. 작은 새들에게는 나무였던 모양이다. 붉은머리오목눈이가 거미줄과 나뭇가지를 이용해서 집을 짓고 새끼를 낳고 살다가 빈 집을 남겨 둔 채로 떠났다. 거미줄을 한 올 한 올 엮어 어찌나 정성스럽게 꼼꼼하게 집을 지었는지. 쌍둥이 손주들을 물고 빨고 키우는 며느리가 생각났다. 작은 새 가족에게 보금자리가 되어 준 '베이비 조'의 큰 덩치가 대견스러웠다.

덩치를 줄이려고 분주했지만 '정원쟁이'들에게 나눔도 못하고 모두 버렸다. 이 레슬링 선수처럼 큰 아이를 어디에 심으라고. 그래서 내 손으로 처단했다. 절반을 뽑아낸 자리는 네다섯 삽 정도의 흙을 부어 다시 메워 줘야 할 만큼 뿌리도 크다.

이렇게 다루기 힘든 식물이지만 이 아이와 헤어질 생각은 없다. 미운 정 고운 정 다 들어 버린 부부라서가 아니라, 여름 내내 정원을 밝혀 주는 이 식물의 매력 때문이다. 무엇보다 '베이비 조'의 둥글둥글한 꽃 모양은 에키나시아도, 버지니아냉초도, 헬레니움도, 그라스도 그 어떤 모양의 꽃도 모두 품어 버린다. 그릇이 크지 못해 사람들을 품지 못했던 내 지난날을 반성하며 이 아이의 뒤치다꺼리를 해 줄 생각이다.

순두부 같은 몽글몽글한 꽃송이가 어떤 까칠함도 다 받아 줄 것 같다.

재배종이기는 하지만 자연 발아는 좀 하는 편이다.

'베이비 조'에 집을 지어 새끼를 낳고 떠난 붉은머리오목눈이의 집.

맥문동

맥문동   42
liriope muscari

H	5~10
↕	30~45cm
↔	30~50cm
✿	한여름
☀	양지/반음지/음지
💧	보통

가로수 아래에 있는 듯 없는 듯 심긴 아이, 산책로 입구의 커다란 소나무 아래 군락으로 자라던 아이, 교실로 향하는 진입로에 줄지어 서 있던 아이, 꽃이 피어도 피지 않아도 그다지 눈길이 가지 않았던 아이! 내 기억 속 맥문동은 꽃이 피는 식물이라고 하기에 민망할 만큼 자리만 메워 주던 초화였다.

숲정원의 나무들이 덩치를 키우기 시작하면서 그늘이 제법 넓게 자리를 잡았고, 그 아래에 심을 식물을 찾다가 큰 기대 없이 땅을 덮을 요량으로 맥문동을 심었다. 그러나 3년쯤 지났을 때, 포기를 키워서 꽃대를 올린 맥문동은 몇 년 만에 만난 '훈남 조카' 같았다. 못난이 인형의 모습을 벗어 버리고 환골탈태한 빛나는 청년으로 서 있었다.

기대 밖으로 꽃이나 꽃 색상도 훌륭하지만, 개화기도 만만치 않게 길다. 가장 으뜸인 점은 아무데나 심어도 잘 자란다는 것이다. 양지도 반음지도 음지도 가리지 않는다. 꽃을 피우는 식물 중에 이렇게 일조량을 따지지 않는 식물이 또 있을까? 반음지 식물이 가뭄에 강한 것도 장한 일이고, 그늘에서도 꽃을 피우는 것도 신기한 일이다. 물론 양지보다 반음지에서 자라는 맥문동의 이파리가 더 윤이 나고, 성장 속도도 빠르고, 포기도 크고, 꽃도 빛이 난다.

맥문동은 이파리 만으로도 정원에서 '열일' 하는 식물이다. 정원 가장자리에 줄지어 심어서 경계 식재 식물로 삼아도 좋고, 나무 그늘 아래 무작위로 심어서 가을에 보라색 '꽃잔치'를 즐겨도 좋다. 호스타, 휴케라, 브루네라같이 이파리가 넓고 무늬가 있는 식물과 섞어 심어서 조화롭게 어우러지게 해도 좋다. 맥문동이 포기를 키워서 그늘을 드리우면 잡초도 자라기 어려워진다.

그러나 다른 식물들이 새싹을 모두 올려 푸릇푸릇한 정원을 만들 때, 겨우내 얼어서 누더기가 된 이파리를 그대로 달고 있다는 점이 살짝 아쉽다. 잘라 주어야 깔끔한 봄의 정원을 유지할 수 있다. 물론 잘라 주지 않아도 새싹이 올라오면서 어두웠던 과거를 청산한다. 시간 차이가 있을 뿐이다.

이모저모 쓸모가 너무 많은 식물이지만, 만약 꽃이 볼품이 없었더라면 이렇게 추앙할 수 있을까? 이것은 마치 '성격, 직업, 학력, 집안 등 모든 것을 갖추었어도 예쁘지 않으면 '케미'가 생겨날 수 있을까'라는 질문과 비슷한 것 같다.

기대를 뛰어 넘은 맥문동의 퍼포먼스는 숲정원의 하부 식재에서 제 역할을 톡톡히 해내고 있다.

맥문동의 또 다른 관상 포인트인 열매.

H	5~8
↕	90~120cm
↔	45~60cm
✿	늦여름
☀	반음지/음지
💧	보통

촛대승마

촛대승마 '블랙 네글리제' 43
Actaea simplex 'Black Neglegee'

6년 전에 처음으로 촛대승마를 만났다. 뿌리 10개 남짓한 2년생으로 심었다. 이른 봄에 심은 식물들은 그 해에 전혀 싹을 올리지 않았다. 곧장 포기했다. 왜냐면 반음지 식물이 찍박골정원의 땡볕 아래에서 살아날 것이라는 기대가 없었기 때문이었다. 이듬해가 되자 한 아이가 싹을 올렸다. 그 다음 해가 되자 또 다른 아이가 싹을 올렸다. 어디 심었는지도 잊고 있었는데, 싹이 올라오고 있었다. 또 그 다음 해가 되자 네 군데에서 싹이 올라왔다. 없다 생각하고 다른 식물을 심었는데, 그 사이를 비집고 올라왔다.

촛대승마의 압도적인 카리스마는 난세의 영웅처럼 주변을 평정한다. 무력으로 진압하는 느낌이 아니고, 주변의 식물들과 잘 어우러지면서 웅장한 풍경을 만들어 내는, 인본주의를 바탕으로 한 따뜻한 리더십을 가진 군주 같다. 여름이 무르익어 더위에 지쳐 갈 때쯤, 여기저기서 하얀색 꽃을 시원스레 뽑아 올리는데, 그 어떤 꽃도 포용하는 듬직한 어른이 우뚝 서 있는 것 같다. 꽃대가 용트림하듯 올라와서 덩치가 클 것 같지만, 실은 60센티미터 정도로 '슬림'하다. 아주 작은 정원이 아니면 심어 볼 만한 사이즈다. 키는 크지만 쓰러짐은 없다.

원래 빛이 얼룩덜룩 들어오는 반음지의 비옥한 숲속에서 자라는 식물이지만 땡볕 아래서도 잘 자란다. 아주 건조한 토양이 아니고 뿌리가 마르지 않을 정도라면 한 여름 햇볕은 별로 문제가 되지 않는다. 작년처럼 40도에 육박하는 날씨에서는 이파리가 타들어 가면서 마르고 오그라들었다. 그러나 겉잎 아래 쪽에 놓인 이파리들은 모두 싱싱하게 여름을 났다. 없는 집의 속 깊은 큰 아들처럼 겉잎이 뜨거운 햇살을 온 몸으로 막아 주고 있었다.

포기가 많이 커진 촛대승마를 어느 가을에 분주해서 세 개로 늘려 주었지만 이듬해에는 성에 찰 만큼의 퍼포먼스를 보여 주지 못했다. 아마 이식을 싫어하는 모양이다. 첫해에 심었을 때도 새싹을 올리는 데, 몇 년 걸렸던 것처럼 분주하고 나서도 착근하는 데 한 두 해 정도는 걸린다. 자료에 따르면 종자로 번식한다는데, 아직까지 자연 발아한 개체는 하나도 없다. 하지만 포기 나누기로 증식하면 된다. 내 정원에서 잘 자라 주는 것만으로도 영광이다.

포효하듯 기세등등한 퍼포먼스를 보여 주지만 속은 순둥이다.
큰 키와 슬림한 몸매를 자랑하는 이 식물을 찍박골정원에서는
군데군데 분산식재 했다.

'블랙 네글리제'라는 이름처럼 이파리가 어두운 초콜릿색으로, 에키네시아의 흰색 꽃을 돋보이게 해 준다.

꽃대도 가을과 함께 익어 가서 또 다른 볼거리를 제공해 준다.

여름 *Summer*

H	3~8
↕	40~90cm
↔	50~70cm
✿	초여름
☀	반음지/음지
◊	보통

호스타, 비비추, 무늬비비추

호스타 ++
Hosta

흔하디 흔한 호스타가 찍박골정원에서는 별로 눈에 띄지 않는다. 너무 흔하다는 이유로 안 심기도 했지만, 땡볕에 자리잡은 정원에 호스타를 심기가 미안했다. 다른 반음지 식물을 심을 때는 느끼지 못했던 미안함이 있다. 왜냐면 아스트란티아나 하야초 같은 식물은 꽃이 오랫동안 풍성하게 피기 때문에 서로 주고받는다는 마음이 있다. 빛 없이는 꽃을 피우기 어렵기 때문에 양지라는 환경이 썩 나쁘지 않다고 생각했다. 대신 이파리가 좀 손해를 보는 거래여서 크게 상도商道에서 벗어나지 않으리라 판단했다. 그러나 호스타는 반사된 빛만으로도 꽃을 피울 수 있는 식물이니 굳이 양지에 심을 필요는 없다고 생각했다.

닭장 뒤편에 나지막하게 걸쳐 있는 산자락에 조성한 숲정원은 하부 식재가 큰 고민거리였다. 산자락 바로 옆에 붙어 있기 때문에 너무 이질적인 정원이 되면 어쩌나 싶었다. 그늘이 귀한 찍박골정원에 그늘이 좋은 숲정원을 만들어서 산에서 자생하고 있는 토착종들이 들어오기를 바랐다. 어디가 정원이고 어디가 산인지 구별하기 어려울 정도로 산자락과 한 몸이 되는 정원을 기다리고 있었다. 30분 거리에 있는 곰배령과 환경이 비슷해서 그곳에서 자라고 있는 식물들이 뒷산에 널려 있었다. 내심 곰배령 같은 천상의 화원을 만들고 싶었다. 동네 놀이터로 뛰어나온 꼬마들처럼 토착종 식물들이 놀러 나와 주기를 바랐다. 그런데 와 주었으면 하는 아이들은 소식이 없고, 토끼풀과 쑥, 쇠뜨기가 점차 세력을 불리고 있었다. 이 아이들이 번식을 시작한다면? 생각만 해도 겁이 난다. 결코 죽지 않는 좀비들이 쳐들어 올 것이 뻔히 보였기 때문이다.

산자락과 숲정원의 경계를 어떻게 처리할지 정말 난감했을 때, 그리고 그 자리에 두릅나무와 궁궁이, 온갖 잡초들이 자리를 잡기 시작했을 때, 궁여지책으로 심은 아이가 결국은 호스타였다. 꿩 대신 닭도 아니고 꿩 대신 생뚱한 비둘기가 되어 버린 형국이었다. 이파리가 켜켜이 널찍하게 자라나서 풀을 막는 데는 최선의 선택이라 생각했지만, 식물을 심고 이렇게 오랫동안 확신이 없었던 적은 없었다. 서양 정원에서는 빠질 수 없는 약방의 감초이자 귀한 대접을 받는 호스타가 슬프게도 찍박골정원에서는 한낱 좀비와 싸워야 하는 총알받이로 전락했다.

이르게 올라오는 '파이어 앤드 아이스Fire and Ice'의 하얀 이파리는 꽃보다 먼저 화이트 가든에 흰색을 넣어 준다.

꽃보다 이파리의 관상 가치가 큰 식물이라 꽃이 피고 며칠 지나지 않아 바로 잘라 준다. 꽃대가 사방으로 쓰러지기 전에 선지 공격을 해서 없애 버리는 셈이다.

유카, 실유카

실유카 45
Yucca filamentosa

H	5~10
↕	45~60cm
↔	90~100cm
✿	초여름
☀	양지
◊	건조

나를 버리고 간 식물들에 별로 미련을 두는 편이 아니다. 퇴출하는 식물에도 미련을 두지 않는다. 하지만 필요하면 언제든 다시 불러들인다. 합종연횡과 배신이 난무하는 춘추전국시대 같다. 정원에 관한 한 자존심이나 민망함은 없다. 겨울이면 여러 겹 동여매 주고, 여름이면 습기를 피해 화분에 넣어서 들였다 내놓았다 하면서 식물을 애지중지하는 편도 아니다. 그럼에도 불구하고 미련이 남는 아이가 바로 실유카다.

실유카는 강원도 산골에서도 겨울에 푸르름을 잃지 않는 지조가 있다. 추위에 이파리가 얼기는 하지만, 그래서 완전한 형태는 아니지만, 그래도 푸르게 겨울을 나는 식물이다. 아마도 인제 읍내나 덜 추운 다른 지역에서는 한겨울에도 상록으로 꼿꼿하게 서 있을 것 같다. 흰 눈을 배경으로 푸른 색의 이파리를 꼿꼿하게 치켜세운 겨울의 모습이 실유카에게는 화양연화이지 싶다. 게다가 여름에 피는 꽃에는 아무 것도 대신할 수 없는 강력한 '핵 펀치' 같은 임팩트가 있다. 개화 기간이라야 고작 1주일 남짓이지만 모든 장면을 흡수해 버리는 현란한 몸짓이 있다.

그러나 불행히도 실유카는 찍박골정원에서 월동하기 어렵다. 겨울이 따뜻한 해에는 무난하게 월동을 해서 트로피를 치켜든 여배우 같지만, 추운 겨울을 지나고 나면 몇 뿌리만 남기고 동사해 버린다. 그래서 10년 넘게 키우고 있지만 개체 수가 늘어나지는 않는다. 겨울을 지날 때마다 새로 늘어난 식구 수만큼 없어진다. 원래 사막에서 살던 식물이 북반구의 겨울을 이 정도 이겨 내는 것이 장하다 싶지만 여전히 아쉬움은 남는다.

만약 겨울정원을 계획한다면 실유카는 늘 똑 같은 모습을 하고 있는 상록수의 대안이 될 수 있다. 봄마다 말라붙은 이파리를 잘라 주는 일이 번거롭기도 하고, 가끔씩 가시에 찔려 불편하기도 하지만 생육기 동안에는 특별하게 관리해 준 기억이 없다. 꽃이 지고 나서 굵은 꽃대를 잘라 주는 일 말고는 없다. 꽃이 진 후에 이파리가 너덜거리는 것도 아니고, 쓰러지는 것도 아니고, 병충해가 있는 것도 아니다. 물을 따로 챙겨 주지 않아도 좋을 만큼 가뭄에도 강하다. 그런데 자료를 살펴보면 뿌리로 번식해서 번식력이 문제가 되는 지역이 있는 것 같다. 찍박골정원에서는 번식이 문제가 아니라 월동이 문제다.

조용하고 나즈막한 봄꽃들이 저물어 갈 무렵, 요란한 꽹고리 소리처럼 유카꽃이 등장한다. 그러면 화이트 가든의 화려한 여름이 시작된다.

H	4~9
↕	45~60cm
↔	60~80cm
✿	초여름
☀	양지/반음지
💧	보통

베르가못, 모나르다

모나르다 '버블검 블라스트' 46
Monarda 'Bubblegum Blast'

이 식물은 우리에게 '베르가못bergamot'이라는 이름으로 더 알려져 있다. 모나르다의 잎에서 감귤류 과일인 베르가못을 떠올리게 하는 향이 나서 붙여진 이름이라고 한다. 어쨌거나 이 식물은 뿌리로 번식해서 꽤나 주의를 요하지만, 미모로만 따진다면 1~2등을 다툴 만큼 빼어나다. 그러나 성숙한 개체가 되고 힘이 붙으면 뻗어 나가는 세력이 상당하다. 그래서 뿌리 울타리로 조절해 주거나 아니면 화분째 심어서 성장을 억제해야 한다. 아니면 아예 마음껏 뿌리를 뻗을 수 있는 만주 벌판 같은 광야에 자리를 마련해 주거나. 즉, 작은 정원에서는 2~3년마다 뿌리를 잘라 성장을 조절해 주어야 한다는 의미다.

그런데 기후변화가 조경계의 화두가 된 요즘에는 모나르다 같은 프레리북미·캐나다의 대초원 식물이 안정적인 대안으로 떠오르고 있다. 과거에는 월동이 식물을 선택하는 기준이었다면 지금은 길어진 여름 장마와 고온에 견딜 수 있는지가 더 중요한 점검 사항이 되었다. 연 일교차 40도 내외, 극단적 가뭄과 집중호우에 단련된 프레리 식물들이 요즘의 기후를 이겨 낼 수 있는 좋은 선택지로 부상하고 있는 것이다.

모나르다는 뿌리로 세력을 확장시켜 나간다는 것만 빼면 또 나무랄 데가 없는 식물이다. 가뭄·장마·월동·병충해에 강하고, 특별하게 길지는 않지만 특별하게 짧지도 않은 개화기도 괜찮다. 정원식물이 갖추어야 할 조건 대부분을 가진, 자질이 충분한 식물이다. 가드닝 초기에 품종도 모르는 1미터 정도까지 자라는 모나르다를 키웠는데, 지지대 없이는 키울 수가 없었다. 지금이라면 절대로 심지 않을 식물이었다. 정원의 사이즈가 크지 않은 우리나라 정원 대부분에는 왜성종이 적합하다.

샐러드, 허브차, 향신료 등 잎과 꽃 모두 식용으로 활용할 수 있는 식용식물이라지만 먹어 본 적은 없다. 요리에 진심인 사람들에게는 좋은 정보겠지만, 정원에 진심인 나에게는 모나르다는 그냥 좋은 정원식물이다. 상추도 있고, 깻잎도 있고, 콩잎도 있고, 호박잎도 텃밭에서 무럭무럭 자라고 있는데 정원에서 사랑스럽게 잘 자라고 있는 식물의 이파리까지 뜯어 먹고 싶은 생각은 없다. 내가 산토끼나 고라니도 아니고.

모나르다, 에키나시아, 리아트리스 같은 프레리 식물들은 한여름의 뙤약볕에 놓여 있어도 마음이 그리 짠하지 않다. 이미 익숙해져 있을 테니까.

봄의 암석정원이 보라색과 은색으로 지적인 느낌을 주는 차분한 분위기였다면 깜찍한 '핫핑크' 모나르다로 시작하는 여름정원은 분홍·노랑·보라가 어우러진 화려한 색채의 향연을 펼친다.

금꿩의다리

반들꿩의다리 47

Thalictrum lucidum

H	3~10
↕	90~160cm
↔	60~90cm
✿	한여름
☀	양지/반음지
○	보통

자수정 같은 보석이 방울 방울 맺혀 있는 듯한 꽃 사진에 꽂혀서 꿩의다리속 식물을 구입했다. 품종도 모르고, 키도, 폭도, 어떤 환경을 좋아하는 지도 모르고 심었다. 물론 그 당시에는 대부분 그렇게 정원에 심을 식물들을 골랐다. 사진 한 장 보고 덜컥 결혼하는 사람처럼 단순·무식·용감함으로 식물을 심었다. 이런 식이다 보니 정원에 남길 만한 식물보다 퇴출하는 식물이 더 많았다. 훨씬 많았다.

보라색 꽃이 피는 금꿩의다리*Thalictrum rochebruneanum*는 내 키를 훌쩍 넘을 만큼 크다. 꽃도 성기게 피고, 이파리도 헤싱헤싱 난다. 그래서 늘씬한 줄기가 잘 드러나 보이는 식물이다. 그런데 키가 커서 뒤쪽에 심다 보니 멋진 다리가 가려진다는 아쉬움이 있었다. 키가 크다고 뒤쪽에 배치할 일이 아니고, 식물체가 날씬하고 이파리도 줄기도 성기게 나니까, 중간중간에서 쑥쑥 올라오게 심었더라면 좋았을 텐데, 하는 아쉬움이 남는 식물이다.

나중에 아이보리색 꽃을 피우는 반들꿩의다리를 심었다. 어떻게 구했는지 기억 나지 않는 것을 보면 크게 기대하지 않았던 모양이다.

이 식물도 키가 크다. 원래 꿩의다리가 키다리 DNA를 가진 식물이라 대부분 키가 크다. 반들꿩의다리는 익히 알고 있던 금꿩의다리와는 다르게 솜사탕 같은 꽃을 피우는데, 사진이 실물보다 멋지게 찍힌다. 해가 있을 때 찍으면 보송보송한 솜같이 포근해 보이고, 해가 질 때 찍으면 음영이 진하게 표현되어서 묵직한 수묵화처럼 보인다. 키가 큰데다가 꽃송이가 커서 다른 식물의 배경식물로도 좋고, 단독으로 풍성하게 심어도 좋다. 하지만 이 식물은 쓰러짐이 좀 있다.

다행스럽게도 두 품종 모두 토양을 까다롭게 가리지는 않는다. 원래 촉촉한 비옥토를 좋아하지만, 건조한 곳에서도 잘 견딘다. 자연 발아가 잘되는 점이 찍박골정원에서는 단점이다. 작은 꽃들이 모여서 큰 꽃송이를 만들기 때문에 큰 꽃송이 안에서도 시들어 가는 꽃이 있는가 하면 늦게 꽃망울을 맺어 새로이 올라오는 꽃도 있다. 그래서 안전하게 80퍼센트 정도 꽃이 시들었을 때, 꽃송이를 통째로 잘라 버린다. 물론 그대로 놔두었다가 자연 발아하게 해서 개체 수를 늘려가도 좋다.

무대의 배경을 그려 놓은 듯한 반들꿩의다리의 아름다운 실루엣.

사진에 마음을 홀랑 뺏겨서 심었던 금꿩의다리 일반 종. 자연 발아가 아주 심해서 많이 뽑아내고 지금은 서너 개만 남아 있다.

구름 같은 몽실몽실한 꽃을 피우는 반들꿩의다리는 실물보다 사진 속 모습이 더 멋있는 아예!

여름 *Summer*

가을 Autumn

오레곤개망초 *Erigeron karvinskianus*
주름미역취 '파이어웍스' *Solidago rugosa* 'Fireworks'
큰꿩의비름 '오텀 조이' *Sedum spectabile* 'Autumn Joy'
대상화 *Anemone*
아스터 *Aster*
솔체꽃 *Scabiosa comosa*
꼬랑사초 *Carex mira*
수크령 '하멜른' *Pennisetum alopecuroides* 'Hameln'
풍지초 '아우레올라' *Hakonechloa macra* 'Aureola'
좀새풀 '픽시 파운틴' *Deschampsia cespitosa* 'Pixie Fountain'
큰개기장 '헤비 메탈' *Panicum virgatum* 'Heavy Metal'
큰개기장 '초콜라타' *Panicum virgatum* 'Chocolatta'
바늘새풀 '오버댐' *Calamagrostis × acutiflora* 'Overdam'
띠 '레드 배론' *Imperata cylindrica* 'Red Baron'
참억새 '모닝 라이트' *Miscanthus sinensis* 'Morning Light'
브라키트리차새풀 *Calamagrostis brachytricha*
참억새 '딕시랜드' *Miscanthus sinensis* 'Dixieland'
참억새 '리틀 키튼' *Miscanthus sinensis* 'Little Kitten'
몰리니아 세룰레아 '모어헥세' *Molinia caerulea* 'Moorhexe'

H	6~9
↕	30~60cm
↔	90~150cm
✿	초여름
☀	양지
○	건조

원평소국

오레곤개망초 48

Erigeron karvinskianus

딱 개망초꽃이다. 꽃의 사이즈도 모양도 쌍둥이처럼 닮았지만 식물의 형태는 판이하게 다르다. 한여름 지천으로 피어나는 개망초꽃이 직립으로 반듯하게 서 있는 형태라면 오레곤개망초는 숙근제라늄처럼 줄기를 늘어뜨리며 소복하게 바닥을 덮는다.

10여 년 전에 영국으로 가든 투어를 떠났을 때, 아주 인상적이었던 식물 중 하나가 바로 오레곤개망초였다. 이름도 모르는 그 꽃을 보면서 '생긴 것은 개망초꽃인데 대접 받고 사는구나'라고 생각했었다. 우리는 개망초꽃을 꽃으로 보기나 하나? 지천에 깔린 보잘것없는 잡초 아닌가? 그러나 오레곤개망초는 버젓이 이름표를 달고 정원의 맨 앞줄에 심겨 있었다. 부잣집 막내딸로 태어나 곱게 접은 하얀 손수건을 가슴에 달고, 빨간 책가방을 등에 메고 등교하는 '아기씨' 같았다.

꽃이 흰색으로 펴서 분홍색으로 지기 때문에 한 포기에 흰색과 분홍색이 섞여서 피고, 수 년씩 묵었음직한 부피감이 느껴질 정도로 두 팔로 안아도 넘칠 만큼 풍성하게 자랐다. 정원은 물론, 개울의 제방에서도 자라고, 계단과 계단 사이에서도 자랐다. 걸이형 화분에서도 멋스럽게 늘어져서 자랐다.

찍박골정원에서 오레곤개망초는 초여름부터 꽃을 피우기 시작해서 서리 내릴 때까지 개화가 지속되는 한해살이풀 같은 아이다. 큰꿩의비름처럼 하얗게 서리를 맞고도 무너지지 않고 흔들림 없이 서 있다. 모진 고문에도 무너지지 않는 독립투사 같아서 내심 '얘도 잡초인가?'라고 생각한 적이 있었다. 겉모습은 다소곳한 소녀 같은데, 모진 서리에도 짱짱하게 버티는 캐릭터다.

건조에 강한 식물 대부분이 습기에 약하듯이 이 식물도 그렇다. 월동은 못하지만 씨를 퍼뜨려 자연 발아를 잘한다. 하지만 이른 봄에 자연 발아를 해서 여름에 꽃이 핀다 해도 포기가 작아서 그다지 드라마틱하게 보이지는 않다. 두어 해 정도는 묵어야 풍성해 보일 텐데, 숱이 적어 머리에 달라붙은 빈약한 커트머리 같은 느낌이다. 봄에 모종을 사다 심으면 여름이 되어야 포기가 커져서 보는 맛이 난다. 다음 해가 되면 더욱 풍성해지겠지만, 그만 겨울을 못 넘기고 만다. 내한성이 Zone6인 식물이라 찍박골정원이 아닌 남부 지역에서는 너끈히 월동할 것 같다.

건조에 강한 식물이라 계단 틈, 석축, 울타리 같은 척박한 곳에서도 잘 자란다.

걸이형 화분에서 키운 오레곤개망초는 처마에서 떨어지는 수쿨을 이기지 못하고 사라져 버렸다.

미역취

주름미역취 '파이어웍스' 49
Solidago rugosa 'Fireworks'

H	5~9
↕	60~90cm
↔	70~90cm
✿	늦여름
☀	양지
♦	보통~습윤

장미 모양도 아니고, 국화 모양도 아니고, 살비아 모양도 아니다. 그래피티 작가 뱅크시Banksy가 벽에 스프레이를 뿌려 놓은 꽃 같다. 상상을 뛰어 넘는 꽃 모양이라서 좋았고, 키 작은 왜성종이라 다루기 쉬워서 좋았다. 씨도 안 뿌려서 꽃이 지자마자 서둘러 꽃대를 잘라 주지 않아도 되고, 지지대도 필요 없어서 편하게 키우던 식물이었다. 몇 년 동안 키우던 솔리다고 네모랄리스Solidago nemoralis의 왜성종은 그렇게 정원에서 자리를 잡아 갔다.

그러다가 영국왕립원예협회로부터 '정원공로상 Award of Garden Merit'을 수상한 '파이어웍스'라는 품종을 만났다. 식물을 심고 가꾸면서 습성을 지켜보면 이러저러한 수상 이력이 있는 품종들이 역시 정원에서 가꾸기 쉽고 정원을 '고급지게' 만들어 주는 것 같다. 그래서 점 찍어 놓고 오랫동안 위시 리스트 목록에만 올려 두었던 식물이었다.

솔리다고 네모랄리스 왜성종은 여름이 시작할 무렵 꽃이 피는데, '파이어웍스'는 느지막이 정원이 문을 닫을 가을 즈음에 꽃이 피어난다. 쩍박골정원에서 가장 늦게 꽃이 피는 추명국과 토종 솔체꽃Scabiosa comosa이 개화하고 나서야 꽃을 피운다. 꽃 없는 계절에 피워 주기 때문에 특별히 '애정'하는 식물이다. 문제는 봄에 심은 '파이어웍스'가 가을이 되자 뿌리를 제법 뻗고 있다는 것이었다. 정신이 바짝 들었다.

정원을 가꾸어 오면서 가장 무서운 식물은 뿌리로 번식하는 식물이다. 그런데 뿌리 번식이라니! 다시 뽑아 버릴까, 하는 생각이 스쳐 갔다. 방정맞다 싶을 만큼 요란을 떨었다. 왜냐하면 국내는 물론 외국에서도 양미역취S. altissima가 생태교란종으로 지정되었기 때문이다. 같은 종種인가 싶어, 미국미역취S. serotin 등 여러 미역취속 식물의 학명을 모두 찾아보았으나 다행히 '파이어웍스'는 공격성이 그리 강한 것 같지 않았다. 그럼에도 불구하고 걱정할 만큼은 아니지만 여전히 뿌리줄기로 번식하는 성질은 그대로 남아 있어서 좀 더 안전한 방법을 선택하기로 했다. 이런 식물들은 처음 한두 해는 문제가 없어 보이지만 성숙한 개체가 되어 힘을 받기 시작하면 공격적인 본성을 드러낸다. 그래서 잘 자라고 있는 아이들을 뽑아서 뻗어 나간 뿌리들을 잘라 내고 화분에 넣어서 다시 심어 주었다. "좀 답답하겠지만 이게 너랑 나랑 오랫동안 한 집에서 살아갈 수 있는 방법이란다."

불꽃놀이fireworks라는 이름과 꼭 닮은 꽃 모양이다. 왜성종은 그나마 얌전하게 도여 있는데, '파이어웍스'는 진짜 폭죽이 터지는 모양새다.

찍박골정원에 처음으로 들어온 노란색 꽃이 피는 미역취 왜성종이다. 역시 노란색은 멀리서도 경쾌함이 느껴지는 '에너제틱'한 색상이다.

가을 *Autumn*

큰꿩의비름

큰꿩의비름 '오텀 조이' 50
Sedum spectabile 'Autumn Joy'

H	3~9
↕	30~60cm
↔	30~60cm
✿	초여름~가을
☀	양지
◊	건조

리모델링하느라 정원 일부분의 식물을 모두 뽑아낸 적이 있다. 자연 발아한 큰꿩의비름이 꽤 많이 자라고 있었는데, 포기가 굵은 아이들만 남길 요량으로 자잘한 모종들을 뽑아서 대충 정원에 흩어 놓았다. 늦가을에 진행한 일이었기 때문에 겨울 동안에 얼어서 없어질 것이라 생각했다. 그런데 이듬해가 되자 뿌리가 하늘을 향한 채로 겨울을 나고, 물기도 전혀 없는 허공에서 새싹을 올리고 있었다. 죽은 시체가 살아나고 있는 듯한 서늘한 느낌이 들어서 얼른 흙 속에 다시 묻었다.

겨울에도 강하고, 가뭄에도 강하고, 키가 작고 탄탄해서 쓰러지지도 않고, 씨도 눈치껏 적당히 뿌려 댄다. 수년을 키우면서 아직 한 번도 물을 따로 준 적이 없다. 그래서 척박하고, 건조하고, 빛이 많이 드는 정원에 이 식물을 늘 '강추'한다. 그러나 아무리 건조에 강해도 수분과 양분이 적절히 공급되지 않는 척박한 토양에서는 성장이 늦다. 그렇다고 해서 배수가 좋지 않아 항상 물기가 있는 토양에서 자란다는 뜻은 더욱 아니다. 모든 식물에게 배수는 기본적으로 갖추어져야 할 첫 번째 조건이다. 유기물이 적고 쉽게 단단해지는 비옥하지 못한 토양이라도 배수가 잘되면 시간이 걸릴 뿐이지 식물의 성장에는 문제가 되지 않는다.

큰꿩의비름은 원래 흰가루병이나 진딧물에 취약한 식물이라 심지 않았었다. 그러나 '오텀 조이'는 병에 크게 신경 쓰지 않을 수 있어서 키울 만했다. 내병성만 좋은 것이 아니다. 장마가 끝나면 꽃이 피기 시작하는데, '디바'들의 전쟁터 같은 여름 정원에서 '순둥순둥'한 무던함으로 승부하는 점도 마음에 들었다.

이 식물을 키우면서 네다섯 달 넘게 꽃을 감상할 수 있다는 점이 무척 신기했다. 초여름에는 브로콜리 같은 연두색 꽃봉오리로, 한여름에는 몽실몽실한 분홍색 구름의 모습으로, 늦여름이면 다시 초콜릿색으로 변해 겨울로 갈수록 점점 색깔이 진해진다. 그리고 이 몽실몽실한 꽃송이에 하얀 서리가 내리면 성형 없이 자연스러운 주름으로 멋지게 나이 들어가는 백발의 여배우를 보는 것 같다. 꽃이 동글동글한 호빵 같은 모양이다 보니 이파리가 좁은 그라스와 섞어도 재미있고, 아스터 같은 전형적인 꽃 모양을 보여 주는 식물과 섞어도 재미있고, 뾰족뾰족한 냉초와 섞어도 재미있다.

큰꿩의비름이 빈티지한 느낌의 분홍색 꽃을 활짝 피웠다.

| 큰꿩의비름꽃이 피기 시작할 때의 연둣빛. | 서리가 내리는 10월 말경 큰꿩의비름. |

가을 Autumn

추명국

대상화 51

Anemone

H	5~8
↕	60~90cm
↔	50~75cm
	늦여름
☀	양지/반음지
○	보통

정원을 만들면서 가장 공을 들였던 부분이 흙이었다. 토양이 가드닝을 가장 수월하게 해 줄 수 있는 요소라고 판단했기 때문이다. 토양의 중요성에 일찍 눈을 떴던 이유 중 하나는 시골에 내려와서 남편이 새롭게 시작한 사업이 사과 농사였기 때문이다. 토양이나 비료, 농법 등이 정원에 비해 상대적으로 많이 앞서 있는 농사 분야를 접하다 보니, 자연스레 퇴비와 토양과 기후에 눈을 뜨게 되었다.

어느 해 봄 갈수기 때, 40일 넘게 비가 내리지 않았다. 그리고 그동안 물을 한 번도 주지 않았다. 우선 토양에 자신이 있었고, 두 번째는 어떤 식물이 얼마만큼 버티는지 알고 싶었고, 세 번째는 그렇게 버틴 식물들만으로도 내가 원하는 정원을 만들 수 있을지 알아보고 싶었다.

추명국을 제외하고는 모두 무사했다. 그 해에 추명국의 절반을 잃어 버렸다. 그래서 추명국을 잘 키우려면 물을 잘 챙겨 주어야 한다는 사실도 알았다. 그 후로 몇 년이 지나면서 남아 있던 추명국은 다시 성장하기 시작했다. 그리고 3년쯤 지나자 뿌리가 커질 대로 커져서 거의 조폭 같은 수세로 정원을 접수하기 시작했다. 뿌리로 번식하는 식물이지만 성정이 참 얌전하다 싶었는데, 드디어 영토 침탈 본색을 드러내며 구석구석까지 뿌리를 뻗고 있었다.

한편, 언제 심었는지도 모르는 추명국이 암석정원에서 자라고 있다. 비교적 토양이 건조한 암석정원에서 살아 낼까 싶어서 별로 관심을 두지 않았다. 심고 나서 잊고 지냈는데 꽃대를 서너 송이 올리더니 그 이듬해부터 조금씩 뿌리를 뻗어 나갔다. 흰색 꽃을 피우는 추명국을 키울 때도 똑같은 경험을 했다. 이 흰색 식물은 심은 지 4~5년 되는 것 같은데, 작년에야 다보록다보록 꽃을 피워 냈다.

결론적으로 추명국을 정리하자면, 초기에 착근할 때까지는 촉촉하고 비옥한 토양을 좋아한다. 만약 건조한 토양이라면 사라지지는 않지만 죽은 듯 몸을 사리면서 3~4년을 버텨 낸다. 생각보다 건조에 견디는 힘이 제법 강하다. 그래서 제대로 된 모습의 추명국을 보려면 3~4년의 세월이 필요하다. 코스모스처럼 하늘하늘한 모양새와는 달리 상당히 생명력이 강하고 개화 기간도 길다. 키가 큰 식물이라 쓰러짐은 감수해야 한다.

찍박골정원의 숙근초들 중 첫 꽃은 흰 금낭화고, 마지막 꽃은 흰 추명국이다. 둘은 묘하게 느낌이 비슷하다.

목화 씨송이처럼 씨를 만들어 내지만 | 앞태 못지않게 뒤태도 아름답고,
추명국은 종자가 아닌 뿌리로 번식한다. | 꽃 못지않게 꽃망울도 아름답다.

아스터, 아스타

아스터 52
Aster

ⓗ	5~8
↕	60~90cm
↔	50~60cm
✿	늦여름
☀	양지
💧	건조~보통

가을 정원에는 꽃이 떠난 자리에 그라스와 단풍이 대신 들어와 앉는다. 꽃보다 더 화려한 단풍이 있고, 신록보다 더 감동적인 그라스가 있지만, 여기에 아스터가 점점이 보태지면 화사한 가을 감성이 만들어진다. 여기에 시들어 가는 이파리, 까맣게 익어 가는 씨송이들이 함께하면 가을만이 줄 수 있는 달콤쌉싸래한 풍취를 선사하는 정원을 완성할 수 있다.

그러나 슬프게도 가을꽃의 대표 주자 아스터는 만족스러운 품종을 아직 만나지 못했다. 만족스러운 품종이란 여름 장마와 겨울 한파를 이겨 내야 함은 물론이고, 개화기도 4주 이상 되어야 하며, 공격적으로 번식하지 않아야 하고, 병충해에 강해야 하고, 쓰러지지 않으면서도 가을까지 형태가 무너지지 않는 그런 식물이다. 여러 해가 지나도 몸집이 너무 커지지 않는 왜성종이면 좋을 것 같다.

내가 키웠던 아스터는 인터넷에서 품종도 모르고 구입한 '백공작 아스터'라는 식물이었는데, 자연 발아가 너무 심해서 두 해가 지나고 모두 뽑아내고 다시 인터넷에서 또 품종도 모르는 아스터를 구했다. 흰색, 라일락색, 보라색 아스터를 배경으로 분홍색 추명국을 놓고 싶었다. 둘째 해, 셋째 해까지는 나름대로 볼품이 있었다. 그러나 그 후로 아스터가 포기를 불리기 시작했다. 몸집이 너무 커지면서 심하게 쓰러졌고, 흰가루병도 초여름부터 지속적으로 관리해야 했다. 쓰러지는 아이를 감당하겠다고 봄에 순지르기를 하고 나면 장마 끝나고 다시 산더미처럼 몸집을 키웠다. 꽃을 포기하고 장마가 지난 후 다시 3분의 2를 잘라 냈다. 그럼에도 꽃을 피웠다. 한 달 정도 아스터와 추명국의 '케미'를 충분히 즐겼지만, 그 해 아스터의 절반 이상을 뽑아냈다. 불행히도 이 일을 2~3년 간격으로 해 주어야 할 것 같다.

작년 가을에 '청파'라는 아스터 품종을 만났다. 국내에서 육종한 품종인데, 벌개미취 *A. koraiensis*와 좀개미취 *A. maackii*, 그리고 또 다른 품종을 혼합한 식물이라고 한다. 아직 정보가 없어서 심어 두고 막연히 기다리는 중이다. 그 동안의 경험을 보면 10개 정도의 새로운 품종을 심으면 두세 개 정도만 정원에 남는 것 같다. '청파'가 그 두세 개가 되기를, '로또'를 희망하는 심정으로 기다리고 있다.

식물마다 꽃 색깔에 따라 세력이 다른 것 같다. 아스터는 보라색이 흰색보다 세력이 왕성해서 해가 갈수록 흰색 꽃 개체 수는 줄어들고 보라색 세상이 되어 갔다.

아스터를 배경으로 분홍색 꽃이 피는 추명국을 심어서 가을 볕만큼 맑은 정원 풍경을 만들었다. 그런데 아스터도 추명국도 세력이 너무 커져서 작년 가을에 모두 뽑아내고 빨강 중심의 레드 가든으로 리모델링했다.

솔체

솔체꽃 —53—
Scabiosa comosa

H	4~9
↕	60~90cm
↔	30~60cm
✿	늦여름
☀	양지
💧	건조~보통

토종이라 하기에는 좀 서구적인 꽃이다. 키도, 얼굴도, 색감도 과학이 만들어 놓은 원예종 식물 같다. 성형미인이 판치는 세상에 쌍꺼풀 수술조차도 하지 않은 자연미인인 셈이다. 게다가 키도 훤칠하다. 예뻐도 예쁜 줄 모르고, 예쁘다 칭찬해도 건성으로 흘려 듣는 때 묻지 않은 철부지 사춘기 아이 같다. 언젠가는 길거리 캐스팅으로 넓은 세상으로 불려 나갈 것 같다.

솔체꽃은 두해살이풀이다. 원래 한해살이나 두해살이는 정원에 잘 들이지 않는데, 몇몇 식물들은 예외다. 한해살이·두해살이 식물을 좋아하지 않는 이유는 수명이 연장되지 않기 때문에 씨를 엄청나게 뿌려 대고 발아율도 좋기 때문이다. 군락으로 모아 심어도, 정원 전체에 흩어 심어도 상추 씨 솎아 내듯 어린 모종을 솎아 주어야 제대로 된 식물로 키워 낼 수 있다. 솎아 내는 일이 귀찮으면 씨가 여물기 전에 시든 꽃송이를 잘라 내야 한다.

솔체꽃도 마찬가지다. 그런데 솔체꽃은 용서해 준다. 왜냐하면 여름이 끝나 갈 무렵에 꽃을 피우는 식물이기 때문이다. 이때는 사실 별다른 선택지가 없다. 정원이 저물어 가는 시기이기도 해서 아무렇게나 꽃이 피도록 놔둔다. 잘 쓰러지는 편이지만 쓰러져서 피도록 내버려 둔다. 막내딸 응석처럼 봐주는 것이다. 누워서 피든, 엎드려서 피든, 그저 늦게라도 꽃을 피워 주는 것이 기특해서 그냥 너그럽게 봐주고 있다. 파란색 꽃이 가을 하늘보다 더 파랗고, 꽃 모양도 인형보다 더 예쁘다. 꽃 모양에 반해 솔체꽃 '파마 딥 블루Fama Deep Blue'를 키웠었는데, 성장이 신통치 않아 3년 정도 키우다 없어져 버리고 말았다. 하지만 토종 솔체꽃은 역시 토착종답게 씩씩하다. 그런데 또 토종답지 않게 개화기가 길다.

솔체꽃은 배수가 잘되는 토양을 좋아한다. 비옥한 토양보다 건조한 토양을 좋아한다. 앞마당의 토양은 비옥한 편이다. 여러 개의 모종을 심었는데 모종 하나만 살아남아서 수년째 살아가고 있다. 바위 옆에 바짝 붙어서 살고 있다. 아마 그 자리가 배수와 통기성이 좋은 명당인가 보다. 그래서 여러해살이풀도 아니면서 여러해살이풀처럼 살아가고 있다. 사람 통행이 많은 마당이라 오가는 사람들로부터 온갖 치하를 받는다. 굳이 세상 밖으로 나가지 않아도 될 만큼. 그래서 캐스팅 제의가 와도 심드렁할 것 같다.

우아하다거나, 고급스럽다거나, 포근하다거나 하지 않다. 솔체꽃은
그냥 예쁘다. 깜찍하게 예쁘다.

가을 Autumn

	3~8
↕	30~60cm
↔	30~50cm
	이른 봄
☼	양지/반음지
⬩	보통

감동사초

꼬랑사초 54

Carex mira

10여 년 전에 그라스를 아주 좋아하는 젊은 조경가에게 선물 받은 식물이다. 당시에는 정체도 모르는 풀을 받았다고 생각하고 자주 다니는 길에서 좀 떨어진 곳에 심어 두었다. 정원이라고 할 만한 공간이 딱히 없었으므로, '안전가옥'이라고 생각하는 곳에 심었다. 물론 심을 때를 제외하고는 물을 챙겨 주거나 주변의 풀을 뽑아 주지도 않았고, 얼굴을 자주 마주한 것도 아니었다. 보살핌 없이 혼자서 극심한 장마도 겪었을 것이고, 지독한 한여름의 땡볕도 견뎠을 것이다. 그런데 다음 해 이른 봄에 파랗게 싹을 냈다. 예사롭지 않은 이 사초의 매력적인 자태에 감탄했다. 지금은 내 정원의 비서실장이 된 이 꼬랑사초는 이렇게 별 관심 없이 만난 식물이었다.

비서실장으로 승진한 이유는 내 지근거리에 있으면서, 내가 원하는 곳 어디에서나 내가 원하는 일을 해 주기 때문이다. 꼬랑사초는 양지, 반음지, 건조 토양, 습한 토양, 물가, 어디에서나 잘 자란다. 서울이나, 지방이나, 섬이나, 산골이나 아무 곳이나 발령내면 곧바로 뛰어가는 그런 식물이다. 도깨비부채를 보살펴 달라고 하면 장삼자락처럼 나풀거리는 이파리로 어루만져 주고, 풀을 잡아 달라면 치마폭 같은 이파리로 땅을 덮어 주고, 경사지의 흙을 잡아 달라 하면 장군 같은 뿌리를 내려 흙을 잡아 토양 유실을 막아 낸다. 그렇다고 노동법을 들먹이면서 나를 협박하지도 않는다. 연봉 협상을 하자는 것도 아니고, 병충해에 시달려서 병원에 들락거리는 일도 없다.

이렇게 장점이 많지만 유일하게 손길이 필요한 때가 있다. 지천으로 널려 있는 자생종 식물 대부분이 그렇듯이 이 아이도 다산多産형이다. 씨를 많이 뿌리고 발아를 잘한다. 두어 해만 지나면 주변을 온통 군락지로 만든다. 어린 개체들을 그대로 놔두면 서로가 서로한테 치여서 모두가 자라지 못해서 솎아 주어야 한다.

우리나라에서 '감동사초'라는 이름으로 유통되는 이 식물은 사실 꼬랑사초다. 꼬랑사초거나 감동사초거나 그게 중요하랴! 영화 제목도 영화감독도, 배우 이름도 기억하지 못하지만 긴 여운과 깊은 감동이 며칠간 나를 떠나지 않는 그런 영화를 좋아한다. '백설공주'로 시작해서 '미녀와 야수'로 끝나는 이야기를 쌍둥이 손주에게 아무 미안함 없이 읊어 주는 찬란한 60대 할머니의 변명이다.

개울 주변의 경사지에는 온통 꼬랑사초가 자라고 있다. 흙도 잡고, 덕택에 풀도 잡는다. 이파리를 치마폭처럼 넓게 펼쳐 땅을 덮어 주기 때문이다.

첫 서리를 맞아 백발이 된 꼬랑사초.

수크령

수크령 '하멜른' 55

Pennisetum alopecuroides 'Hameln'

H	5~9
↕	60~90cm
↔	60~90cm
❀	한여름~가을
☀	양지/반음지
💧	건조~보통

강아지풀의 큰 버전이라고 생각했다. 생김새도 비슷하고, 이삭이 패는 시기도 비슷해서 강아지풀을 정원용으로 개량한 원예종이라 생각했다. 그런데 알고 보니 둘은 속屬이 다르다. 형태적·생태적으로 여러 가지 차이가 있다. 무엇보다 가장 큰 차이는 인식상의 차이일 것이다. 강아지풀은 산과 들에서 자유롭고 독립적으로 살아가는 풀이고, 수크령은 정원에서 매일 꽃단장하면서 살아가는 관상용 식물로 초대받았다는 점이 가장 큰 차이가 아닐까 싶다. 강아지풀은 한해살이풀인데 반해, 수크령은 여러해살이풀이라는 점도 다르다.

처음 찍박골에 이사 와서 이곳 저곳 공사를 하기 전 날것의 땅이었을 때, 여름이 정점을 찍고 서슬 퍼런 한낮 태양의 기세가 수그러들 즈음에 역광을 받고 있는 강아지풀의 삐죽삐죽한 잔털을 기억한다. 그리고 수크령도 그와 비슷한 모습을 하고 있는 것을 보았다. 원래 식물 사진은 동틀 무렵이나 해가 저무는 석양 무렵이 가장 아름답다 했다. 특히 그라스가 그렇다. 석양의 순간에는 영화의 한 장면이 된다. 여기에 바람이라도 불어 대면 그라스는 정원을 뛰어다니는 반려견이 된 것 같다.

수크령은 다른 그라스에 비해 이삭이 일찍 팬다. 한여름이 지나가기도 전에 오동통한 꽃대가 올라오기 시작하면, 여름이었던 정원이 순간적으로 가을의 정원으로 훅 넘어간다. 막이 끝나고 내려왔던 커튼이 올라가면 장면이 바뀌어 버리는 오페라 무대 같다.

수크령 '하멜른'은 왜성종이라 키가 아담한데다가 오동통한 이삭의 형태 때문에 전체적으로 식물의 형태는 땅딸막하다. 그래서 '하멜른'이 있는 정원의 느낌은 '풍성'하다.

이 그라스를 아끼는 현실적인 이유는 일단 왜성종이라 쓰러짐이 전혀 없다. 뿌리가 강해서 다른 어떤 식물과 경쟁해도 지지 않고 비집고 올라온다. 건조에 강해서 관수에 따로 신경 쓸 필요가 없다. 봄부터 가을까지 형태를 흐트러뜨리지 않는 반듯함이 있다. 병치레도 해 본 적이 없다. 씨를 뿌려 대는 일도 없다. 또 작은 가정집 정원에서도 감당할 수 있는 사이즈인데다가 대표적인 '저관리형' 식물이다. 이런 여러 가지 이유로 다른 수크령 품종을 기웃거려 본 적이 없을 만큼 '하멜른'에 대한 만족도가 높다.

한여름의 '하멜른'은 싱그러운 푸른빛으로 여름을 난다.

늦여름에 접어들면 가을을 준비하느라 이파리와 꽃 들이 가을 색을 입으며 윤기가 사라져 간다. 사람들이 늙어 가는 것처럼.

아직 햇살이 뜨거운 한여름에 이삭이 패서 여름인데도 가을이 성큼 다가온 느낌을 자아낸다.

가을 Autumn

풍지초

풍지초 '아우레올라' 56
Hakonechloa macra 'Aureola'

H	5~9
↕	30~60cm
↔	30~60cm
☼	양지/반음지/음지
◊	보통

양지에 심은 지 만 3년이 지난 풍지초는 아직도 성숙한 개체라기에는 어설픈데, 반음지에 심은 아이는 만 1년 갓 넘었는데 벌써 멋진 청년으로 자라났다.

몇 해 전에 독일로 가든 투어를 다녀왔다. 영국 가든 투어는 인생을 통틀어 처음으로 겪은 문화적 충격이었지만, 가든 센터로 쇼핑 다닌 기억이 대부분이고, 동양 정원의 시초라는 중국 가든 투어는 열 군데 넘게 돌아다녔어도 〈반지의 제왕〉에 나오는 괴물들이나 살 것 같은 기암괴석 밖에 기억에 남는 것이 없었다. 그러나 독일 가든 투어는 단 한 번뿐이었지만 정원을 가장 많이 배울 수 있는 여행이었다. 아침 여덟 시에 호텔을 나서서 저녁 여덟 시 전에 호텔로 들어와 본 적이 없을 만큼, 여행이라기에는 좀 가혹했던 극기훈련 수준이었지만, 배움으로 가득 찼던 산업 견학 같은 시간이었다. 안목이 생겼기 때문이리라. '아는 만큼 보인다'는 명제는 만고의 진리다. 정원도 그렇다.

공항의 조경에도, 도로변의 가로수에도 그라스가 식재되어 있을 만큼 역시 독일은 그라스의 나라였다. 독일 가든 투어는 그라스의 쓰임을 분명하게 가르쳐 주었다. 무리수를 두지 않고 정원을 조성하는 실용성이 참 독일다웠다. 그러나 그라스의 나라임에도 실제로 정원에서 주로 사용하는 그라스는 열 종류 안팎이었고, 그중에서도 인상깊었던 그라스가 바로 풍지초였다.

시청의 공무원이라는 헤럴드 하우저Herald Hauser가 디자인한 아주 미니멀한 풍지초 정원을 머릿속 가득 담아서 돌아왔다. 제목도 모르는 어느 익숙한 명화에 나오는 나부의 완만한 곡선을 그리는 엉덩이가 떠올랐다. 사이사이에 뻣뻣한 질감의 깎은 주목을 대비시켜서 풍지초의 나른한 곡선을 더 부드러워 보이게 했다. 돌아오자마자 그동안 내내 마음속에서 약간 짐스러웠던 정원을 걷어 내고, 나무를 심어 반음지를 만들고, 그 아래에 풍지초를 심었다. 독일에서 보았던 풍지초의 선과 형태와 부피감을 내 정원에서 연출해 보고 싶다는 희망이 출발점이었다. 그 놈의 희망!

있는 식물이나 제대로 건사하고 '더 이상의 새로운 정원은 사양'이라던 약속은 정원 앞에서는 너무나 나약하게 무너지곤 한다. 그래도 '이번 한 번만' 했지만 결코 '이번 한 번만'이 아닐 것이라는 사실은 이미 나도 알고 있고, 남편도 알고 있고, 아마 정원도 알고 있을 것이다.

풍성한 머리칼을 한쪽으로 쓸어내린 멋쟁이 아가씨 같다. 풍성한 이파리로 토양을 덮어 버리기 때문에 풀을 잡는 지피식물로도 아주 좋다.

좀새풀

좀새풀 '픽시 파운틴' __57__
Deschampsia cespitosa 'Pixie Fountain'

H	2~7
↕	30~60cm
↔	30~60cm
✿	늦봄~가을
☀	양지
○	보통~습윤

그라스에 처음으로 눈을 떴을 때, 좀새풀 '픽시 파운틴'을 척박하디 척박했던 암석가든에 심어 주었다. 한 해, 또 한 해가 지나가도 자라지 않았고, 꽃 이삭을 두 세 줄기만 올리는 것으로 끝이 났다. 아련한 좀새풀 사이로 듬성듬성 꽃을 섞어 물안개 같은 정원을 만들어 보고 싶다는 꿈이 찬란한 아침 햇살 속의 이슬처럼 사라지고 말았다. 그러나 몇 년 후에 자연주의 정원을 조성하면서 심었던 그라스 중 가장 드라마틱한 모습을 보여 주었던 식물이 바로 좀새풀이었다.

벚꽃이 지고 세상이 푸르러져야 새싹을 올리는 다른 그라스들에 비해 이 좀새풀은 이른 봄부터 싹을 올린다. 수선화꽃이 필 때, 신부 들러리처럼 곁에 나란히 서 있으며, 숙근초들이 제대로 꽃을 피우기 시작하는 늦봄이면 벌써 공중에 스프레이를 뿌린 것처럼 가벼운 이삭을 올린다. 그래서 가을이 되기도 전에 봄꽃과 여름꽃 사이사이에 안개처럼 몽환적인 배경을 만들어 준다.

자연주의 정원을 조성하고, 첫 해, 둘째 해까지는 좀새풀이 찍박골정원의 시그니처 식물이었다. 피트 아우돌프의 정원이 부럽지 않았다. 뿜어져 나오는 자신감에 연신 카메라를 들이대고, 혼자 감탄하고, 여기저기 지인들에게 사진을 퍼 날랐다. 엄지 척, 하트, 박수, 축포 등의 이모티콘이 쏟아졌다.

그러나 해가 거듭될수록 다른 숙근초들이 커지면서 뿌리 경쟁에서도 밀리고, 햇빛 경쟁에서도 밀렸던 것 같다. 같은 시기에 심었던 수크령 '하멜른'은 격투기 선수 같은 에키나시아 등 골나물속 식물과 부딪혀도 비집고 올라온다. 그러나 좀새풀은 '초식남'처럼 밀면 밀리고, 가리면 숨고, 때리면 맞는, '왕따'를 당하는 아이 같다.

좀새풀은 배수 좋고 너무 건조하지 않은 촉촉한 토양에서 자기 영역을 분명하게 확보해 주어야 한다. 뿌리 경쟁도 없고, 햇빛 경쟁도 없고, 아무도 시비 거는 상대가 없는 명당자리에서만 자라는 귀하신 몸이다. 털수염풀*Nassella tenuissima*과 비슷한 느낌의 푸슬푸슬한 가벼운 이삭인데도 털수염풀은 습한 여름 내내 머리에 떡이지는데, 좀새풀은 끄떡없다. 아무래도 아주 건조한 환경을 좋아하는 털수염풀과 습윤한 토양을 좋아하는 좀새풀의 차이 때문이리라.

만약 그라스 정원을 만들 기회가 생기면 좀새풀을 가득히 채워 안개 같은 장면을 만들고 싶다.

일찌감치 이삭을 올려서 늦봄이나 초여름부터 정원에 몽환적인 분위기를 만들어 낸다.

찍박골정원은 비교적 식물의 밀도가 높은 편이라 좀새풀이 비집고 들어가 버텨 내기가 쉽지 않다. 그래서 다른 식물의 방해를 받지 않는 정원의 가장자리 쪽에서만 살고 있다.

이삭이 가볍고 투명해서 어떤 식물이라도 사이사이에 들어가 멋진 친구가 되어 준다.

파니쿰, 큰개기장

큰개기장 '헤비 메탈' 58
Panicum virgatum 'Heavy Metal'

ⓗ	5~9
↕	30~120cm
↔	30~60cm
	한여름~가을
☼	양지
⬇	보통

머리가 뽑힐 것처럼 흔들어 대는 헤드 뱅잉, 쇠사슬로 출렁거리는 가죽 재킷, 새까만 선글라스 등 아주 터프할 것 같은 이미지와는 달리 아스라한 안개비 같은 순한 풍경을 만들어 주는 아이다. 그러나 마냥 순하지만은 않다. 제법 강인하다. 6년 동안 키우면서 한 번도 쓰러진 적이 없다. 기적이다. 1미터 가까이 되는 식물이 5년이나 살았으면 커진 몸집 때문에 쓰러졌을 법한데, 태풍이 덮쳐도, 장마가 와도, 한 번도 쓰러지지 않았다. 쉽게 쓰러지지 않고 단단하게 유지되는 특성 덕분에 품종명에 '헤비Heavy'라는 단어가 붙었고, 푸른빛이 은은하게 도는 이파리의 메탈릭 블루metallic blue 컬러 때문에 '메탈'이라는 단어가 붙어 지금의 이름이 되었다고 한다.

한여름에 피는 꽃 이삭은 까슬까슬한 소창 느낌의 커튼 같다. 속이 다 비치는 그 커튼 뒤로 빨간색 다알리아꽃이 피고, 흰색 바늘꽃이 피고, 추명국꽃이 핀다. 꽃 이삭 사이사이로 비치는 빨강은 사나운 빨강이 아니고, 흰색은 눈부신 흰색도 아니고, 분홍색도 톤 다운된 순한 분홍이 된다.

순지르기, 데드헤딩, 식물 지지대, 관수 등 잔손이 전혀 가지 않는 진정한 저관리형 식물이다. 비가 와도, 비가 오지 않아도, 아침부터 푹푹 쪄도, 영하 20도 밑으로 떨어져도 이 식물을 걱정해 본 적이 없다. 없는 듯이 자라기 때문에 심고 나서 처음 몇 년 동안 실제로 눈에 띄지도 않았다. 그러나 포기를 불리고, 꽃 이삭이 제법 부피감 있게 자라나자 화려함이 절정을 이루는 꽃들 사이사이에서 한도를 초과하는 빨간색, 주황색 등을 진정시켜 주었다. 비로소 이 식물의 가치가 눈에 들어오기 시작했다. 그러다 보니 다른 꽃들과 섞이지 않고 혼자 자라고 있는 '헤비 메탈'은 그냥 지나치기 쉬울 만큼 존재감이 없어서 자칫 숨은 보석으로 묻힐 수도 있다. 그러나 사실 이 식물은 다른 식물들을 돋보이게 해 주는 대단한 리더십이 있었다. 단순히 크고 화려한 존재감으로 자신을 드러내지는 않지만, 묵묵히 공간을 채우며 주변의 식물들과 어우러지는 능력이 탁월하다. 색깔이 튀지도 않고, 이파리가 별나게 독특한 것도 아니고, 꽃 이삭도 있는 듯 없는 듯한 안개 같은 느낌이라 도드라져 보이지 않는다.

나를 드러내지 않아야 주변 세상과 쉽게 조화를 이룰 수 있는 것은 인간 세상이나 식물 세상이나 마찬가지인 모양이다.

품종명이 장마에도 태풍에도 쓰러지지 않는 강인함을 의미하는 '헤비'와 금속 같은 블루 색감을 의미하는 '메탈'로 이루어져 있다.

꽃 이삭이 무겁지 않아서 주연 노릇을 하는 화려한 꽃들을 방해하지 않는다. 보슬보슬한 안개비가 살짝 내려앉은 것 같다.

파니쿰 초코라타(초콜렛)

큰개기장 '초콜라타'   59
Panicum virgatum 'Chocolatta'

H	5~9
↕	90~120cm
↔	90~120cm
✿	한여름~가을
☀	양지/반음지
💧	보통

큰개기장을 심을 때 '헤비 메탈'은 파란빛이 도는 이파리에 기대가 컸고, '초콜라타'는 붉은색 이파리에 기대가 컸다. '헤비 메탈'이 초기에 존재감이 약했던 반면, '초콜라타'는 독특한 붉은색 이파리가 처음부터 가슴을 두근거리게 했다. 새싹이 올라올 때부터 붉은색 이파리가 올라오고 늦봄쯤 키가 커지면서 붉은색이 도드라진다. '초콜라타'는 이파리가 모두 붉은 것이 아니라 붉은색 이파리가 듬성듬성 물들어 있다. 이게 그렇게 멋스럽다.

한여름부터 부스스한 이삭이 올라오는데 이파리 색감과 똑같은 붉은색 이삭이 실크 스카프처럼 정원을 덮어 준다. 매서웠던 여름이 꺾이기 시작하면 정원도 노르스름해지고, 꽃들도 긴장을 풀고 느긋해진다. 이런 가을 정원 분위기를 한층 끌어올려 줄 수 있는 '가드너의 킥'을 말하라 하면 주저 않고 이 식물을 추천할 것이다.

심고 3년 정도까지는 쓰러진 적이 없었다. 그래서 큰개기장은 역시 줄기가 단단하다는 생각에 전혀 흔들림이 없었다. 그러나 4년차가 되면서 덩치가 커졌다. 다른 식물들도 해가 갈수록 몸집이 커지면 오랜 장마나 태풍에 잘 쓰러진다. 쓰러지지 않을 것이라 믿었던 '초콜라타'가 무너지자 내 억장이 함께 무너져 내렸다. 그간의 신뢰가 모두 사라지면서 남아 있던 신뢰는 쓰러지지 않고 꿋꿋하게 버티고 있던 '헤비 메탈'에게로 옮겨 갔다. 그럼에도 불구하고 포기할 식물은 아니었기에, 좀 더 건조하게 그리고 자주 포기를 잘라서 덩치를 줄여 주기로 했다.

큰개기장은 다년생 벼과식물로 햇빛을 좋아한다. 반음지에서도 물론 자라기는 하지만 덜 단단하고 색상도 덜 발현된다. 건조에도 강하고, 기나긴 여름 장마에도 잘 견딘다. 병충해로 피해를 본 적이 없고, 월동에도 문제가 없다. 전체적으로 큰개기장은 정원식물로 아주 좋다. '헤비 메탈'이 옆으로 퍼지기보다 위로 직립해서 자라는 반면 '초콜라타'는 폭이 좀 커서 작은 정원에는 무리가 있다. 3~4년에 한 번씩 분주해 준다는 마음의 준비를 하면 멋진 정원식물이 될 수 있다. 아니면 바위 틈에 심어 성장 환경을 열악하게 하거나 경사지에 심어 토양 침식을 막는 용도로 사용해도 좋다. 3~4년이 지난 큰개기장의 뿌리를 파 보면 흙을 얼마나 잘 잡아 줄지 딱 보인다.

'초콜라타'라는 이름을 보면 아마도 일본 회사에서 육종한 상품이 아닌가 싶다. '셰넌도어Shanandoah'로 유통되는 품종과 거의 비슷하다.

이삭이 나오기 시작할 때는 녹색이지만 곧 이파리와 같은 와인색으로 변한다. 원숙한 가을 느낌을 훅 풍긴다.

가을 *Autumn*

바늘새풀, 오버댐

바늘새풀 '오버댐' 60
Calamagrostis × *acutiflora* 'Overdam'

H	4~8
↕	90~120cm
↔	30~60cm
❀	늦봄~가을
☀	양지/반음지
◊	보통

산새풀속*Calamagrostis*에 속하는 '칼 푀르스터Karl Foerster'와 '오버댐'을 심었다가 모두 뽑아낸 경험이 있다. 그라스계의 거장 '칼 푀르스터'가 육종한 그라스를 동료와 제자 들이 스승을 기리기 위해 스승의 이름을 붙여 품종 이름을 등록했다는 대단한 서사와 더불어 세계적인 명성을 가진 식물이라 심지 않을 수가 없었다. 두 식물 모두 이삭이 초여름부터 패기 때문에 가을보다는 여름에 오히려 빛이 난다. 게다가 '오버댐'도 '칼 푀르스터'도 직립형이라 위로 곧게 자라서 정원의 기둥 같은 구조식물로 사용하기 좋다.

'칼 푀르스터'의 문제는 습한 우리나라의 여름이다. 봄부터 자라기 시작해서 여름이면 이미 내 키를 넘을 정도로 자라는데, 장마가 시작되기 전부터 긴 허리가 꺾인다. 아무리 지지대로 일으켜 세워 주어도 지지대째로 넘어간다. 그리고 본격적인 장마가 시작되면 아예 드러눕는다. 어떤 해에는 봄에 반 정도 잘라 순지르기를 해 주었는데, 사초처럼 50~60센티미터 정도 자라고 꽃도 없이 끝나 버렸다. 그래서 연좌제를 적용해 '칼 푀르스터'와 '오버댐' 둘 다 없애 버리고 말았다.

그리고 다음 해에 독일로 가든 투어를 갔다가 만난 '칼 푀르스터'는 내 정원에서 보았던 그 식물이 아니었다. 일단 키가 내 정원의 3분의 2밖에 되지 않았다. 그리고 호두까기인형의 병정들처럼 얼마나 바르게 서 있던지 약이 오를 지경이었다. 황금색 꽃 이삭을 머리에 이고 반듯하게 서 있는 '칼 푀르스터'는 독일의 어느 정원에서도 만날 수 있는 시그니처 식물이었다.

하긴 180센티미터가 넘는 어떤 초본식물이 우리나라의 장마를 무사히 견디겠나? 그래서 미련을 버리기로 했다. 시간이 흐르고 그나마 키가 좀 작아서 좀 덜 쓰러지고, 흰 줄무늬가 멋스러웠던 그리고 덜 얄밉게 굴었던 '오버댐'을 다시 심었다. 3년차의 '오버댐'은 내 각오가 무색할 만큼 얌전하게 자라고 있다. 3년차라 아직 완전히 성숙한 개체가 아니라서 얌전할 수도 있고, 아니면 이전에 '칼 푀르스터'에게 시달리느라 미쳐 '오버댐'을 잘 파악하지 못했을 수도 있다. 이파리의 흰 줄무늬도, 아이보리색 이삭도, 건조와 습기 모두 잘 견디는 무던함도, 1미터 내외의 자그마한 키도, 직립형이라 작은 정원에서도 키울 수 있다는 점도 찬찬히 살펴보니 은근 소리 없이 강한 식물이다.

흰 줄무늬가 강하게 드러난다는 점에서 참억새 '딕시랜드'(흰줄무늬억새)와 종종 비교되지만 손길을 요구하는 정도에 있어서는 '오버댐'이 훨씬 수월하다.

초여름에 패는 '오버댐'의 꽃이삭.

H	5~9
↕	30~60cm
↔	30~60cm
☀	양지/반음지
💧	보통~습윤

홍띠

띠 '레드 배론' 61

Imperata cylindrica 'Red Baron'

봄에 새싹이 올라올 때는 연한 녹색과 붉은색이 조화롭게 섞여 올라오고 여름으로 다가갈수록 붉은색이 점점 강렬해지면서 녹색을 밀어내기 시작한다. 그리고 마침내 가을이 되면 선명한 다홍색으로 변하여 가을 단풍과 잘 어울리는 적갈색으로 물들어 간다.

정원에 그라스를 넣을 계획이라면, 사전에 많은 정보를 분석해서 잘 선택해야 한다. 호주의 자연주의 정원 디자이너 '마이클 맥코이Michael McCoy'의 인터뷰에 따르면 50평 이하의 작은 정원에는 그라스 없이 꽃에만 집중하도록 권유하고 있다. 워낙 큰 나라 출신이다 보니 50평 규모 정원을 작다고 표현하고 있지만, 우리에게 50평 정원은 그리 작은 규모가 아니다. 그럼에도 불구하고 50평 이하의 정원에서는 그라스를 식재하는 것보다 '꽃'에 집중하라는 이야기는 아주 설득력 있고, 현실적인 방안이다. 나도 이 의견에 한 표! 왜냐면 자연주의 정원을 조성하는 방법 중 하나가 식물을 반복적으로 식재해서 통일감, 형태의 조화, 리듬감 등을 연출하는 것인데, 50평 이하 규모의 정원에서는 덩치 큰 식물들을 반복해서 심는 일 자체가 어렵기 때문이다. 게다가 그라스 정원을 만들 것도 아닌데, 초화류를 빼고 그라스만 반복할 수는 없지 않은가? 그래서 적절한 사이즈의 식물을 반복 식재해서 원하는 정원의 테마를 연출하는 것이 타당하다는 생각이다.

그래서 홍띠처럼 자그마하고 색감이 있는 그라스는 '로또'급 식물이다. 우리나라 정원에서도 너끈히 수용할 수 있는 사이즈에다가 '쨍'한 빨강이 아니라 와인색에 가까운 빨강이라 어느 색상과도 조화롭게 어우러질 수 있다. 뿌리로 번식해 나가면서 성장이 빠르지만 차분하고 곧고 정갈한 모습으로 자라난다. 홍띠가 주변으로 확산되는 것을 막고 싶다면 화분째 심거나 뿌리 울타리를 해주야 한다. 그런데 다른 그라스처럼 뿌리가 억세지 않아 세력을 조절하기는 쉽다. 삽도 필요 없고 호미로 뿌리를 몇 가닥씩 파내면 된다. 너무 덩치가 커져서 감당하지 못할 정도가 아니라는 점은 그라스를 정원에 활용하려는 사람들에게는 굉장히 큰 장점이다.

새싹이 나올 때부터 와인색의 이파리가 올라와서 가을까지 내내 같은 붉은색인 것 같지만, 자세히 보면 봄의 붉음과 여름의 붉음, 가을의 붉음이 모두 다르다. 자세히 보면 더 예쁜 식물이다.

한여름의 홍띠.

늦여름의 홍띠.

가을의 홍띠.

참억새, 억새

참억새 '모닝 라이트' 62

Miscanthus sinensis 'Morning Light'

H	4~9
↕	100~140cm
↔	70~120cm
✿	한여름~가을
☀	양지/반음지
○	보통

심은 지 10년이 넘었고, 그간 병충해 피해도 한 번 없었고, 쓰러진 적도, 분주한 적도, 비료를 준 적도, 물도 챙겨 준 적도 없었다.

그라스 중에서 가장 흰 빛이 많이 나는 그라스가 '무늬염주그라스'라는 이름으로 유통되는 염주개나래새*Arrhenatherum elatius* var. *bulbosum*와 '모닝 라이트'인지라 화이트 가든에 섞어 주었던 식물이다. 염주개나래새는 '모닝 라이트'보다 흰색이 훨씬 더 드러나지만 봄이 지나고 여름으로 접어들수록 마치 휴면에 들어가는 식물처럼 아주 지저분해진다. 그리고 찬바람이 불기 시작하면 뽀얀 이파리를 다시 올린다. 그러나 여름 두세 달 동안 그 꼬질꼬질한 꼴이 보기 싫어서 잘라 버리다가 결국은 뽑아 버리고 애기말발도리 '니코'*Deutzia gracilis* 'Nikko'로 바꾸어 주었다.

이에 반해 '모닝 라이트'는 전쟁 통에도 바깥 세상의 시끄러움으로부터 멀찌감치 떨어져 있는 '동막골' 같은 식물이다. 아프다는 소리, 춥다는 소리, 목마르다는 소리, 그 어떤 불평 한마디도 없지만 때가 되면 새싹을 올리고, 때가 되면 이삭을 올리고, 때가 되면 겨울 잠에 들어간다. 그런데 문제는 아무래도 억새류라 뿌리가 대단하다.

2~3년만 키워도 뿌리를 뽑아내기가 어려운데, 어쩌다 보니 10년이 지났다. 지금은 엄두가 나지 않는다. 더군다나 흰색 꽃이 피는 라일락 옆에 심었던 '모닝 라이트'는 지금은 라일락과 거의 한 몸이 되다시피 해서 더욱 손을 대지 못하는 상황이 되어 버렸다. 아마도 두 식물의 뿌리가 서로 얽혀서 한 몸이 되어 있지 싶다.

작은 화분에 심을 때는 모르지만, 1년만 지나도 감당하기 힘들만큼 덩치가 커진다. 그래서 '모닝 라이트'는 물론, '그린 라이트'라 불리는 참억새 '그라킬리무스Gracillimus', '리틀 지브라Little Zebra', '흰줄무늬억새'로 불리는 참억새 '딕시랜드Dixieland'뿐만 아니라 신품종으로 나온 수많은 그라스는 우리나라 가정집 정원에서 자라기에는 무리가 있다. 그러나 관목을 대신해서 독립수처럼 활용하는 방법도 있고, 무미건조한 건물 외벽이나 울타리를 등지고 심어서 빈 벽에 감성을 입히는 방법도 있다. 여기에 바늘꽃*Epilobium pyrricholophum*이나 버들마편초*Verbena bonariensis* 같은 하늘하늘한 식물을 30퍼센트 이내로 섞으면 더 멋진 풍경을 만들 수도 있다.

정원 사진은 해 뜰 녘과 해 질 녘이 가장 아름답다. 특히 그라스 사진이 그렇다. 햇살을 받을 때, 햇살을 등질 때, 모두 감동적이다.

생육 기간 내내 잔손이 가지 않는 그라스다. 그러나 모든 벼과 식물들이 그러하듯 초봄, 중간봄 모두 지나고 늦봄 정도 되어야 비로소 무릎 정도 자라기 때문에 정원 초기에는 자리가 비어 있다는 약점도 있다.

가을 Autumn

브라키트리차새풀

브라키트리차새풀 63
Calamagrostis brachytricha

H	4~9
↕	90~120cm
↔	60~90cm
	늦여름~가을
☼	양지/반음지
💧	보통~습윤

브라키트리차새풀은 자연주의 정원의 거장 피트 아우돌프의 대표 작품인 뉴욕 하이 라인High Line의 시그니처 식물이다. 한국과 중국의 습윤한 초원과 숲 가장자리에 자생하는 식물로, 반음지에서도 잘 자라는 몇 안 되는 정원용 그라스 중 하나다. 가을 그라스 대부분이 분수 모양으로 이삭을 만들어 낼 때, 핫도그 모양으로 독특하게 꽃 이삭을 올린 이 식물이 중간중간에 섞여 있으면 좀 더 다채로운 그라스 무리를 연출할 수 있다. 유니크한 원추형 이삭으로 가을의 정원을 빛나게 해 주는 그라스다.

심고 나서 2~3년은 쓰러짐도 없고, 비가 오는 날 빗방울에 무거워진 이삭들이 고개를 떨구고 있어 언뜻 보면 쓰러진 듯하지만, 비가 그치고 나면 다시 바짝 일어나는 아주 멋진 식물이었다. 그런데 해를 거듭할수록 몸집이 커져서 만삭이 되어 가는 임산부처럼 비가 오지 않아도 쓰러지기 시작했다. 참억새처럼 몸집이 큰 아이라 쓰러지면 옆에 함께 살고 있던 다른 아이들을 죄다 덮쳐 버린다. 진하게 코를 골고 단잠에 빠져 버린 아빠의 허벅지에 눌린 아가의 형국이다. 그래서 여름이 되기 전에 지지대를 꽂아 주지만, 이 그라스의 덩치를 감당하기에는 역부족이다. 그래서 식물 지지대에 고추를 세울 때 쓰는 알루미늄 지지대 몇 개 더 꽂아서 보강을 해 주어야 무사히 한 해를 날 수 있다. 이럴 때는 분주를 해서 3분의 1만 남기고, 나머지 3분의 2는 나눔을 하는 것이 상책이다. 그런데 그라스 대부분이 그러하듯 뿌리가 억세다. '남자 사람'의 힘이 없으면 쉽지 않다.

사진을 업業으로 삼은 포토그래퍼가 남긴 아주 인상적인 구절을 아직도 기억하고 있다. "아파트는 여자들의 공간이고, 단독주택은 남자들의 공간이다." 단독주택에서는 상추 한 포기 심으려 해도 남자의 힘이 필요하다. 땅을 갈아 밭을 만들고, 이랑을 만들고, 퇴비를 섞어 놓아야 하니까. 상추를 심기 전까지의 일은 대부분 남자의 몫이다. 입으로 하는 일이 아니고 힘으로 하는 일 앞에서는 항상 소심해지는데, 특히 그라스 앞에서 그렇다. 새풀도 그렇다. 작고 쓰러지지 않게 키우려면 2~3년 간격으로 분주해 주거나, 살아가야 하는 환경을 열악하게 해 주어야 하는데, 그럴 때마다 '남자 사람'의 손길이 절실해진다.

의외로 자연 발아가 잘되는 식물이다. 자칫 씨가 여무는 초겨울까지 씨송이를 남겨 두면 다음 해에 여기저기서 어린 모종들이 올라온다. 주변 식물 속에서 발아하는 경우에는 뽑아내기도 어려운 난감한 상황이 생기기도 한다.

독특한 모양의 이삭으로 인기몰이를 하고 있는 장식용 그라스 브라키트리차새풀.

H	5~9
↕	120~150cm
↔	90~120cm
❀	한여름~가을
☀	양지/반음지
○	보통

흰줄무늬억새

참억새 '딕시랜드' 64

Miscanthus sinensis 'Dixieland'

억새류 대부분이 그런 것처럼 이 식물도 덩치가 크고, 건조 토양이건 습한 토양이건 까다롭지 않고, 뿌리가 깊고 넓어서 토양 유실을 막아 주며, 튼튼하다. 누가 어디에 어떻게 심어도 잘 자라는 식물이다. 가을이면 개울가나 산 언저리에 무더기로 피어서 살랑살랑 휘날리는 이삭으로 바람을 '보여 주는' 가을의 식물이다.

여름의 뜨거운 태양 아래에서 태양만큼이나 강렬한 색상으로 꽃을 피우는 다알리아, 헬레니움, 여뀌, 에키네시아 옆에 심어서 시원한 물줄기 같은 청량함을 더하고 싶었다. 얼굴을 훑으며 나부끼는 머리카락 같은 고혹적인 느낌이 나는 여름 정원을 연출하고 싶어서 선택한 그라스였다. 늘어진 하얀 이파리가 빨강 다알리아꽃의 얼굴을 스치고, 분홍 에키나시아꽃 사이를 나부끼도록 만들고 싶었다. 하지만 역시나 인생도 정원도 내 계획대로 되는 일은 그다지 많지 않다.

심은 첫해에는 어려서 안 되고, 둘째 해가 되자 제법 내가 상상하던 그림이 만들어지나 싶었지만 가을이 되면서 커져 가는 몸집을 가누지 못하고 쓰러져 버리는 바람에 내가 그리던 풍경은 두 달 만에 끝이 나고 말았다. 그래서 분주해서 몸집을 작게 만들어 주고, 새로운 자리를 찾아 여기 저기로 흩어 놓았다. 쓰러져서 흘러내려도 괜찮은 개울 정원의 높은 자리로 옮겨 심기도 했다. 그래도 2년차에 진행하는 분주는 아직 성숙한 개체가 되기 전이라 그런지 그다지 힘들지 않았다. 뿌리를 나누면서 기도했다. '그만 커다오, 아가들아!' 네 살 된 쌍둥이 손주에게 입버릇처럼 하는 기도를 똑같이 했다.

찍박골정원에서 자라고 있는 '딕시랜드'는 두 번째로 심은 아이들이다. 오래 전에 하얀 이파리의 손짓에 미혹되어서 심었다가 덩치와 쓰러짐을 감당 못하고 뽑아냈었다. 그리고 나서 2~3년이 지나고 또 심었다. 늘 그라스에 당하면서도 또 당했다. 이번에는 그럴싸한 명분도 만들었다. 2~3년마다 분주해 줄 거야. 그래서 덩치를 작게 키워서 이 아이의 장점만을 취하면 되겠지. 야무지게 마음먹고 다시 시작했다. 그리고 심은 지 2년만에 똑같은 고민에 또 빠졌다. 이 아이를 어찌 하오리까!

큰 덩치를 이기지 못하고 쓰러지는 습성이 있어 개울정원의 높은 곳으로 옮겨 주었다. 쓰러져도 크게 민폐를 끼치지 않고, 흘러내린 듯 보여서 이 그라스가 살기 적당한 곳이라 판단했다.

강하게 드러나는 흰 줄무늬가 여름 정원이 시원해 보이도록 요술을 부린다.

세상이 온통 가을빛 속으로 빠져들면 '딕시랜드'도 흰색 이파리가 말라 가면서 가을 행렬에 동참한다.

참억새, 억새

참억새 '리틀 키튼' 65
Miscanthus sinensis 'Little Kitten'

H	5~9
↕	30~90cm
↔	30~60cm
✿	초여름~가을
☀	양지
○	보통

작은 정원에서는 억새류를 들이는 것이 무리가 있지만 그럼에도 불구하고 그라스를 넣고 싶다면 왜성종 참억새 '리틀 키튼'을 추천한다. 작은 억새다. 키도 작고 폭도 작기 때문에 그라스의 가장 큰 단점인 '부담스러운 몸집과 억센 뿌리'의 문제가 해결된다. 쓰러지지 않으면서도 그라스가 주는 분위기를 정원에서 충실하게 낼 수 있다. 참억새가 가진 단점은 쏙 빼고, 장점만 가진 식물이다. 여기에 토양을 가리지 않고, 데드헤딩도 없고, 강건하고, 장마가 길어지고 여름 기온이 40도를 넘나들어도 별로 영향을 받지 않는다.

그라스는 너무 육중한 부피감이나 무게감 때문에 주변의 여러 식물과 잘 섞이기 어려운데, 이 그라스는 나긋나긋하게 잘 섞인다. 고집 없고 성격 순한 아이처럼 여기저기 잘 어우러지지만 이 그라스도 약점이 있다. 다른 그라스에 비해 월동이 좀 약한 것 같다. 내한성이 Zone5~9로 알려져 있기는 하지만 찍박골정원에서 보면 딱히 그런 것 같지 않다. 이 정도의 내한성이면 너끈하게 겨울을 나야 하는데, 어느 해는 무탈하게 겨울을 나고, 겨울이 좀 춥다 싶으면 사라져 버린다. 그래서 지금 찍박골정원에서 살고 있는 '리틀 키튼'도 두 번째로 심은 그라스다. 물론 한 번의 실패로 단정하기는 좀 이르다. 어쩌면 늦가을에 마른 잎과 줄기들을 잘라 버렸기 때문에 늦게 올라온 푸른 싹들이 늦서리 피해를 입었기 때문이 아닌가 싶기도 하다. 아직 덜 마른 푸른 이파리들의 보호막이 되어 주었던 마른 이파리들을 잘라 내면서 늦서리에 노출되어 동해를 입었을 수도 있으니까. 아무리 원예종이 원종에 비해 자연환경에서 생존력이 약하다고는 하지만 그래도 억새속 식물인데 월동하지 못하랴, 싶다. 동시에 '이 정도 겨울은 나야지' 하는 책망하는 마음이 생기기도 하고, '여기서 자리 잡고 함께 잘 살았으면' 하는 소망도 품어 본다.

여러 그라스로 쓴맛 단맛 다 보고 나서 가만히 생각해 보니 우리나라 정원에서 활용할 수 있는 그라스가 생각보다 많지 않다. 그 많지 않은 가짓수 중에 '리틀 키튼'은 세 손가락 안에 꼽을 만하다. 그래서 여뀌, 꽃배초향, 다알리아가 살고 있는 정원에 가을 향기를 넣고 싶어서 이 그라스를 꾸역꾸역 넣어 주었다. 힘들다 힘들다 해도 가을정원에는 그라스만한 조미료가 없다.

한여름부터 패기 시작하는 이삭은 다른 억새들과는 달리 얇은 금실처럼 올라온다.

키와 덩치가 작아 작은 정원에 들일 만한 식물이다.

몰리니아

몰리니아 세룰레아 '모어헥세' 66
Molinia caerulea 'Moorhexe'

H	4~9
↕	30~50cm
↔	30~50cm
❀	초여름~가을
☀	양지/반음지
◌	보통

기온이 40도를 넘나들고, 장마는 거의 두 달이 넘도록 끝날 생각을 하지 않고, 9월에도 열대야가 극성을 부리는 여름이 지속되자 정원식물들이 몸살을 앓았다. 녹아 없어지는 아이들이 속출하고, 9월 중순이 넘어서야 다알리아가 꽃을 피우고, 여름 개화 식물들은 아예 한 해 개화를 건너뛰기도 하고, 여기 저기서 일어나는 이변에 정원도 사람도 어리둥절했다. 그리고 새로운 복병 '여름을 잘 나는 식물'에 대한 요구가 수면 위로 올라오고, 식물 선택의 기준이 겨울나기에서 '여름나기'로 바뀌었다.

고온 다습한 여름도 잘 나고, 병충해에도 강하고, 겨울도 걱정 없는 그라스를 찾다가 눈길이 멎은 아이가 몰리니아였다. 제법 비옥해서 장마에는 오히려 습하다는 느낌마저 있는 테스트 베드에 심은 몰리니아가 예상 밖으로 튼튼하게 여름을 났다. 건조한 토양, 습한 토양, 여름 고온, 내병성, 쓰러짐 없음 등 제법 높은 허들을 넘은 실력파 그라스다.

독일 가든 투어에서 인상 깊었던 그라스를 꼽으라 하면 실새풀 '칼 푀르스터', 수크령 '루브럼' *P. setaceum* 'Rubrum'과 페니세툼 마크로우룸*Pennisetum macrourum* 그리고 몰리니아 품종들이었다.

그중에서 우리나라 기후에 잘 맞고 정원에 들일 만한 그라스가 몰리니아라고 생각했다. 돌아오자마자 잊고 있었던 몰리니아 세룰레아 '모어헥세'를 자세히 들여다보았다. 잊고 있었을 정도로 오래 전에 심어 둔 '모어헥세'였지만, 여전히 싱싱한 모습으로 잘 살고 있었다. 하늘을 향해 반듯하게 자라며 올라가는 직립형 그라스의 제대로 된 모습을 보여 주었다. 식물 전체의 부피가 크지 않고 이삭도 뒤의 꽃을 가릴 만큼 풍성하지 않기 때문에 이러저러한 꽃들 속에서 잘 어우러진다. 이삭이 풍성하지 않다는 점은 그라스로서는 큰 약점이 될 수도 있지만 홍띠처럼 이파리를 보는 식물로 여긴다면 괜찮을 수도 있다. 게다가 이파리 부분이 40~50센티미터 정도로 짧고, 이삭이 쭉 올라오는 형태라 쓰러지거나 흐트러지지 않는다. 단점을 꼽으라면 식물의 폭이 넓지 않고, 이파리가 늘어지지 않고 바짝 올라 붙는 형태라 땅을 덮지 못한다. 즉, 잡초가 발아하지 못하도록 땅을 덮지 못한다는 뜻이다. 그래서 아주가*Ajuga reptans*나 누운주름잎*Mazus miquelii* 같은 땅을 덮는 지피식물을 함께 심으면 좋을 것 같다.

숨소리도 조심스러운 '풋병사'처럼 군기가 바짝 들어 있다. 제대를 앞둔 말년 병장 때까지 이런 긴장된 모양으로 자라서 흐트러짐이 없다.

가을 Autumn

구근식물 Bulbs

수선화 *Narcissus*

실라 *Schilla*

스페인블루벨 *Hyacinthoides hispanica*

알리움 '퍼플 센세이션' *Allium* 'Purple Sensation'

은방울수선 '그레이브타에 자이언트' *Leucojum aestivum* 'Gravetye Giant'

무스카리 *Muscari*

튤립 *Tulipa*

마르타곤나리 '클로드 슈라이드' *Lilium martagon* 'Claude Shride'

백합 *Lilium*

다알리아 해피 싱글 '로미오' *Dahlia* Happy Single 'Romeo'

수선화

수선화 _67_

Narcissus

H	3~9
↕	30~45cm
↔	5~8cm
✿	중간봄~늦봄
☀	양지/반음지
◊	보통

눈이 내리는 소리가 들릴 만큼 고요한 산중에 실라*Scilla*, 크로커스*Crocus*, 키오노독사*Chionodoxa*가 빛나는 보라색, 노란색 꽃을 피워 내면 이불처럼 내려 앉았던 겨울이 걷히기 시작한다. 잠이 덜 깬 모습으로 껌뻑껌뻑 하나씩 꽃을 피우기 시작하면 이제 정원이 열린다는 신호다. 이 구근식물들이 정원의 문을 빼꼼히 열어 준다. 그러나 이르게 꽃이 피는 구근식물들은 아무래도 우리나라 겨울이 힘에 겨운 듯하다. 몇 년을 함께 살았는데도 번식은 영 시원찮다. 그저 살아 주는 것만으로도 감사할 뿐이다.

이렇게 감질나게 봄 꽃놀이를 하다 보면, 노란색 수선화꽃이 인해전술을 펼치는 병사들처럼 무더기로 피어난다. 노랑 토종 수선화가 정원의 문을 활짝 열어 젖힌다. "봄이 왔어요!" 외치는 것 같다. 찍박골정원을 찾는 봄의 전령은 수선화다. 6~7년 전부터 심기 시작한 수선화가 시간이 흐르면서 자구들을 키워 내서 포기가 제법 커졌다. 그동안 심어 둔 구근들이 많은 자식을 만들고, 그 자식이 또 자식을 만들어서 작년부터는 구근 한 알도 심지 않았다. 그래도 수선화는 더 풍성해졌다. 내가 심은 것이 아니라 세월이 키워 준 셈이다. 이렇게 풍성해지니 한 가지 문제가 생겼다. 숙근초의 영역을 침범하기 시작하자 숙근초가 수선화에 밀려 찌그러진 채로 자라났다. 나 원 참!

토종 수선화와 이름도 가물거리는 두세 종류의 조생종에 '마르티네트*Martinette*', '마리에케*Marieke*', '마운트 후드*Mount Hood*' 같은 조생종 수선화를 섞어 심어서, 한 달 정도는 부족함 없이 수선화에 취한다. 뽑았다가 가을에 다시 심지 않아도 되고, 거름이나 물을 챙겨 주지 않아도 된다. 그저 꽃이 지고 나면 꽃대를 잘라 주고, 푸른빛이 도는 잎사귀가 충분하게 광합성을 해서 내년에 꽃을 피우기 위해 필요한 양분을 저장하도록 내버려 두면, 실컷 배를 채운 수선화는 누렇게 이파리를 떨구고 깊은 잠 속으로 빠져든다.

꽃대가 풍성해진 만큼 일도 풍성해진다. 꽃이 열 송이 피면 열 개의 꽃대를 잘라 주면 되지만, 수백 개가 피고 나면 수백 개의 시든 꽃을 잘라 주어야 해서 일이 만만치 않다. 그러나 꽃에 굶주려 있던 겨울 몇 달 간의 갈증을 한 방에 해갈해 주어서 고마운 마음에 말없이 수선화의 뒤치다꺼리를 하고 있다.

수선화도 조생·중생·만생종이 있어서 적당히 섞어 심으면 초봄부터 늦봄까지 한 달 정도 개화기를 늘려 즐길 수 있다.

중간봄의 숲정원은 푸른 형광빛 꽃을 피우는 브루네라와 중생종 수선화가 맡고 있다.

실라

실라 68
Schilla

H	3~8
↕	10~15cm
↔	10~15cm
❀	초봄
☀	양지/반음지
○	보통

봄에 꽃을 피우는 자잘한 구근식물들은 무더기로 꽃이 피어야 아름답다는 고정관념이 있다. 열 포기, 스무 포기로는 겨우내 지속되었던 꽃을 향한 갈증을 해결할 수 없다. 그래서 매년 가을마다 구근을 심었다. 찍박골정원은 봄이 늦게 찾아오는 지역이라 이르게 꽃을 피우는 구근식물들을 일부러 찾아 심었다. 겨울이 지나면서 가장 먼저 꽃이 피는 구근식물 중 하나인 실라를 보라색, 분홍색, 흰색 꽃이 어우러지도록 섞어 심었다. 엄지 손톱보다도 작은 구근들을 심을라치면 꽤 많은 시간과 품을 들여야 하지만 막상 눈이 녹으면서 피어나는 꽃들을 마주하면 힘들었던 가을의 노고가 눈보다 더 빨리 녹는다. 봄날 이르게 꽃을 피우는 크로커스나 키오노독사가 한 해씩 거르고 싹을 내고, 구근 아이리스는 아예 없어져 버린 일도 있지만, 실라는 한 해도 거르지 않고 꽃을 피워 주는 성실함이 기특한 아이다.

이른 봄에 꽃이 피는 구근식물들은 대체로 작다. 키도 작고, 덩치도 작다. 그래서 많이 심어야 보인다. 어떻게 심어야 화사해 보이고 어떤 품종이 더 아름다운지 등을 따질 수 없다. 일단 살아 주고 꽃을 피워 주면 더 바랄 것이 없다.

실라의 개화기는 2주 정도로 다른 구근식물에 비해 길지도 짧지도 않다. 개체 수가 많아지고, 포기가 커져서 꽃송이가 많아지면 더욱 길어지겠지만, 기대만큼 쑥쑥 불어나지 않는다. 정말로 감질나게 찔끔찔끔 늘어나는 중이다. 아마도 춥고 건조한 겨울이 번식에 썩 좋은 환경은 아닌 것 같다. 왜냐면 남쪽지방에서는 제법 번식력이 괜찮다고 들었기 때문이다. 종자로 번식하는 실라는 씨방이 떨어졌던 자리에서 새싹들이 뭉텅이로 올라 오는데, 꼭 솔잎 같은 모양새다. 그래서 내년에는 엄청나게 불어나겠다 싶지만 내년이 되어도 많이 풍성해지지는 않는다. 좀 더 늦게 파란색 꽃이 피는 무스카리도 비슷한 형태로 새싹을 올리지만 이 식물은 번식을 잘한다. 아마도 무스카리가 더 겨울을 잘 이겨 내는 것 같다.

그래서 도를 닦는 심정으로 마음을 비우고 있다. 가드닝을 하면서 어떤 것에도 얽매이지 않는 '무위자연'이라는 단어를 가끔 떠올린다. 평온한 선인의 마음으로 떠올리는 것은 아니고, 꽃들이 애를 태울 때마다 기도하는 심정으로 '무심'하려 애쓴다. 속 썩이는 아들 참아 주는 심정으로!

크로커스나 키오노독사처럼 이른 시기에 꽃을 피우는 구근식물들이 번식을 거의 하지 못하는 것과 비교하면 실라는 그래도 매년 포기를 불려 나가고 자연 발아 하는 새로운 모종들도 있다.

푸른색 꽃을 피우는 '시베리카Siberica' 품종. 어두운 파랑이 라 도드라져 보이지 않아 아쉽다.

초봄에 꽃이 피는 실라는 조생종 수선화와 개화 시기가 같다.

스패니시 블루벨

스페인블루벨 69
Hyacinthoides hispanica

H	3~8
↕	30~45cm
↔	30~45cm
🌸	중간봄
☀	양지/반음지
💧	보통

별 욕심 없이 테스트해 볼 요량으로 심었다. 이른 봄, 영국의 숲에서 파란 카펫을 깔아 놓은 듯한 꽃무리를 보았을 때 넋이 나갈 것 같았다. 정확한 이름은 몰랐지만 어쨌든 블루벨이었다. 그러나 숲을 만날 때마다 보이는 블루벨이 펼쳐진 그림 같은 풍경이 이내 우리나라 국도변 차창가로 휙휙 지나가는 배추밭을 보는 것처럼 익숙해졌다.

내 정원을 그렇게 만들려고 한 것은 아니지만, 혹시 쓸 만한 구근인지 시험해 보고 싶었다. 구근을 한 대접 정도 심었고, 지금도 그 정도 혹은 약간 많은 정도의 개체 수가 매년 파란 꽃을 피우고 있다. 실하기로 따지면 봄 개화 구근식물 중 '넘버 원' 내지는 '넘버 투'는 할 것 같다.

잎이 두껍고 튼실한데 꽃도 그렇다. 파란빛이 얼마나 파란지 깊은 바다의 빛깔을 보는 것 같다. 게다가 예쁘고 싱싱한 파란 꽃 속에는 감기 한번 안 걸릴 것 같은 대장부 기질을 숨기고 있는 듯하다. 월동, 가뭄, 고온, 병충해, 쓰러짐, 전혀 없다. 혹시 좋은 구근식물을 찾고 있는 '꽃친구'가 있으면 듬뿍 선물해 주고 싶은 아이다. 그러나 찍박골정원에서는 그리 여신처럼 떠받들지는 않는다. 어차피 테스트 삼아 심었던 식물이고 내가 알고 싶은 정보는 그만하면 되었다. 이 식물에게 그다지 큰 기대나 관심을 쏟지 않는 이유가 있다. 하필 블루벨이 꽃을 피우는 시기가 숙근초들이 개화를 시작하는 시기와 같기 때문이다. 숙근초들 사이에 구근식물을 심는 찍박골정원에서 블루벨은 항상 숙근초 그늘 속에 가려진다. 그래서 변기세정제 색만큼이나 파란 어여쁜 꽃이 제대로 인정받지 못한다. 꽃을 보면서 변기세정제를 떠올리다니 좀 민망하기도 하지만 블루벨의 건강한 심성이 제대로 인정받지 못했다는 사실이 아쉬울 뿐이다. 그래도 봄마다 잊지 않고 파란 눈맞춤을 해 주는 블루벨에게 내가 저의 충직함과 건실함을 충분히 인정하고 있다는 사실을 느끼게 해 준다.

그러나 자료에 따르면 이 아이는 제법 공격적으로 번식한단다. 잔디밭도 황폐화시키고, 키 작은 아이들을 질식사시키기 때문에 관목이나 교목 아래에 심으라고 권고하는 식물이다. 찍박골정원에서는 전혀 못 느꼈던 사실이다. 어째, 건강해 보이더니! 대형사고를 치는 아이였구나! 겉모습은 김태희지만, 속은 장미란 급이었던 것이다!

이름처럼 진정한 파란색 꽃을 피우는 블루벨.

잎도 토실토실, 줄기도 토실토실, 꽃망울도 토실토실. 식물 전체에서 '짱짱한' 힘이 느껴진다.

알리움

알리움 '퍼플 센세이션' 70

Allium 'Purple Sensation'

H	4~9
↕	60~90cm
↔	10~20cm
✿	중간봄
☀	양지/반음지
💧	건조~보통

벚나무, 복사나무, 산철쭉, 진달래 같은 교목과 관목, 수선화, 실라, 튤립, 크로커스 등의 구근식물들이 펼치는 '꽃잔치'가 끝나면 숙근초의 꽃이 피기까지 침묵의 시기가 찾아온다. 철 지난 해수욕장의 쓸쓸함과는 다른 느낌의 허전함이 있다. 그 허전함 속에는 곧 핑크빛 열애가 시작되리라는 희망이 있기 때문이다.

매년 알리움 중 '퍼플 센세이션'만 고집하는 이유가 있다. 이 잠깐의 침묵의 시기를 메워 주는 꽃이 피기 때문이다. 비교적 늦게 꽃이 피는 구근식물인 알리움 중에서도 이 '퍼플 센세이션'은 조생종 쪽에 속한다. 조생이거나 만생이거나 중요한 것은 이 '침묵의 시기'에 꽃이 핀다는 사실이다. 이와 때를 함께하는 식물이 별정향풀 '스톰 클라우드'다. 이 별정향풀과 알리움 '퍼플 센세이션'은 찍박골정원의 대표적인 '듀오'가 되었다. 가끔씩 매발톱이 끼어들기도 하지만 워낙 교잡이 심하고 비교적 수명이 짧은 식물이라 언제 변덕을 피우고 사라질지 몰라 크게 마음을 주지 않는 편이다. 사람 관계도 그러하지만, 식물과의 관계에 있어서도 신의와 의리는 중요한 덕목이니까!

'퍼플 센세이션'은 장마 전에 캤다가 가을에 다시 심어 주면 다음 해에 꽃을 볼 수 있다. 아무래도 한 번 개화를 했던 꽃이라 다음 해에 올라오는 꽃은 키도 작고 동그란 '꽃볼'도 작다. 그러나 내막을 모르는 다른 이들의 눈에는 잘 보이지 않는, 내 눈에만 보이는 흠이다. 비료를 충분히 넣어 구근을 크게 키우면 좋으련만, 숙근초 사이사이에 들어 있는 알리움에 비료를 주기란 여간 어려운 일이 아니다. 거름기 없이 탄탄하게 크고 있는 주변의 숙근초들에게 민폐가 될 것이기 때문이다.

정원의 초화류는 텃밭에서 자라고 있는 식용식물과는 달리 양분 없이 땅심만으로 살아가게 하고 있다. 그래야 건강하고 탄탄하고 야무지게 자라 준다. 그래서 알리움도 구근을 비대하게 키우지 않는 것으로 결론 냈다. 다수의 행복을 위해 소수가 희생하는 공리주의의 희생양인 셈이다. 그러나 알리움을 숙근초와 섞어서 배치할 때 좋은 점도 있다. 알리움 최대의 약점인 꽃이 피면서 이파리가 누렇게 시들기 시작하는 단점을 숙근초들이 가려 준다. 서로가 한 발씩 양보하는 '윈윈' 관계인 셈이다.

보라색 꽃을 정원에 들일 때 조심하는 편이다. 자칫하면 짙은 이파리 색깔이나 짙은 흙 색깔에 묻혀 버리기 때문이다. 그러나 '퍼플 센세이션'은 묻히지 않는 보라색이다. 존재감이 수준급이라는 이야기다.

이 꽃 저 꽃 섞여 뒤죽박죽인 듯 보이지만 정원은 많은 색이 섞일수록 예뻐 보인다는 생각이다. 점점 할머니 꽃밭이 되어 가는 것 같기는 하다.

은방울수선, 은방울수선화

은방울수선 '그레이브타이 자이언트'   71
Leucojum aestivum 'Gravetye Giant'

H	4~8
↕	30~50cm
↔	20~30cm
✿	중간봄
☀	양지/반음지
♢	보통

꽃송이가 공중에 동동 떠 있는 듯한 어여쁜 모습이 사진에 잘 담기지 않아 계속 셔터만 누른다. 겨울 추위가 걱정스러워 낙엽을 덮어 주고, 낙엽이 바람에 날아갈까 묵직한 나뭇가지도 올려 놓는다. 엄지 손톱보다도 작은 꽃이 한 송이만 남아도 아쉬움에 데드헤딩을 못하고 하루를 넘긴다. 은방울수선을 향한 지극히 공정하지 못한 나의 편애偏愛다.

원래는 열심히 살아 주면 보듬어 주고, 까탈스럽게 굴면 가차 없이 내치는 편이다. 씨를 마구 뿌려 댄다든지, 온 정원을 헤집고 다닌다든지, 겨울철에 왕겨를 수북이 덮어 주어야 한다든지. 하지만 은방울수선은 예외다. 넓은 정원을 건사하면서 식물을 그리 애지중지하는 편은 아니지만 이 아이를 향한 관심과 애정은 지극한 편이다. 유난히 몸이 약해 엄마의 관심을 독차지하는 여린 여동생처럼 꿀이 뚝뚝 떨어지는 눈빛으로 세심하게 보살피고 있다. 그 이유는 이렇다.

첫째, 구근식물 개화기와 숙근초 개화기 사이의 공백 기간에 꽃이 핀다. 둘째, 수선화과科 식물답게 자구 형성이 안정적이어서, 매년 포기를 불려 나간다. 셋째, 봄에 꽃이 피는 다른 구근식물들에 비해 개화 기간이 길다. 넷째, 말해 무엇하랴! 아름답다.

오래 전에 제법 많은 수의 모종을 심었는데 겨울을 못 넘기고 대부분 사라져 버렸다. 다섯 포기도 안 되는 모종이 살아남았는데, 그마저도 이듬해에 사라져 버렸다. 그래서 월동이 불가능하다고 판단했지만 머릿속에서는 지워지지 않은 채로 상상 속에서만 계속 자라고 있던 식물이었다. 언젠가 겨울이 따뜻한 의성을 방문했을 때, 대형 피자 한 판 정도로 포기를 키운 은방울수선이 태풍처럼 내 마음 속으로 쑥 들어와 앉았다. 오리털 이불을 덮어서라도 키워 보리라! 오리털 이불 대신 왕겨로 켜켜이 멀칭해 주었더니 무사히 첫해 겨울을 났고, 그 다음 해에는 낙엽 멀칭을 해 주며 포기를 불려 나갔다.

겨울에 폭설이 내려 택배 배송이 불가하다는 연락을 받아도 불편함에 앞서 소복하게 내린 눈이 내 은방울수선을 덮어 주겠거니, 싶어 안도감이 먼저 든다.

사진보다 실물이 훨씬 아름다운 꽃이다. 그래서 아직 두 살 밖에 안 되었지만, 어린아이 답지 않은 존재감으로 그냥 지나치게 놔두지 않는다. "이건 무슨 꽃이예요?" 허리를 굽혀 머리를 쓰-듬고 간다.

무스카리

무스카리 72

Muscari

H	4~8
↕	15~20cm
↔	7~10cm
✿	중간봄
☀	양지/반음지
○	보통

비 오는 날 엄마가 우산을 가지고 데리러 오지 않아도 거침없이 빗속으로 뛰어드는 선머슴 같은 식물이다. 하루 세끼 밥만 먹여 주면 아무런 투정 없이 잘 놀고, 잘 먹고, 잘 자고, 감기도 안 걸리는 순둥이 사내아이 같다. 봄에 꽃을 피우고 나면 여름에는 잠이 들어 버리고, 거뜬하게 겨울을 나고, 어김없이 봄마다 꽃을 피워 주고, 포기도 잘 불려 나가고, 매년 새로 사지 않아도 되고, 병충해 걱정 없고, 가뭄이나 태풍, 혹한기나 혹서기나 어떤 날씨 상황에도 걱정하지 않아도 되는 식물이다.

오동통한 꽃을 소담스럽게 피우고 나면 늑대인간의 얼굴 위로 흘러내린 헝클어진 머리칼처럼 부추 같은 이파리가 땅 위로 나뒹군다. 봄에 꽃을 피우는 구근식물 대부분은 여름에는 휴면에 들어가서 흔적도 없이 사라지지만, 무스카리는 헝클어진 이파리가 남아서 지저분하다. 그래서 수선화처럼 꽃이 지고 4~6주 정도 후에는 이파리를 잘라 주는 것이 깔끔하고 좋다. 무스카리는 더위가 한풀 꺾이고 아침저녁으로 선선한 찬 바람이 부는 가을에 들어서면 다시 이파리를 올린다. 내년에 꽃을 피우는데 써야 할 양분인데 가을에 이파리를 내면 어쩌나 걱정스럽지만 아무렇지도 않게 이듬해가 되면 작년보다 더 튼실한 꽃을 피우고 씨를 뿌리며 야무지게 제 할 일을 한다.

중생종 수선화와 때를 같이해서 개화하기 때문에 수선화의 단짝 친구로 사용하기 아주 좋다. 수선화꽃이 주로 흰색과 노란색이라 좀 단조로운 맛이 있는데, 여기에 보라색 무스카리꽃이 함께 피어나면 고소한 등심 구이에 찍어 먹는 와사비처럼 '쨍'한 맛을 낸다.

새롭게 육종된 신품종들이 화려하게 손짓을 해 대지만, 금낭화가 그렇고, 할미꽃이 그렇고 토종 수선화가 그렇듯이 무스카리도 자생종은 아니지만 어렸을 때부터 보아 왔던 일반종이 튼실하고 꽃도 크고 존재감이 있어서 좋다. 더 좋은 것은 가격도 아주 착한 수준이라는 점이다. 구근 한 개에 몇 백 원부터 몇 천 원까지 지불해야 하는 신품종 식물과는 달리, 1킬로그램 단위로 판매할 만큼 값이 싸다. 물론 수시로 인터넷에 들어가서 열심히 클릭을 해야 찾을 수 있기는 하다. 구근이 손톱만큼 작아서 위아래 구별할 것도 없이 땅을 파고 서너 알씩 묻어 주면 된다.

촌스러울 만큼 알록달록한 튤립들을 진정시켜 주는 파란 무스카리꽃.

무스카리를 볼 때마다 떠오르는 말이 있다. "오동통한 너 너구리!"

튤립

튤립 73
Tulipa

H	3~8
↕	30~60cm
↔	10cm
✿	중간봄
☀	양지
◊	보통

'내가 제일 잘나가!' 호랑이 없는 산에서는 토끼가 왕이라고 했던가. 현란하고 기운 센 숙근초들이 꽃을 피우기 전, 구근식물들의 세상에서는 호령깨나 하고 사는 식물이다.

이른 봄부터 꽃을 피우는 구근식물들 중에 튤립만큼 화려하고 다양한 색상, 다양한 품종을 가진 식물이 또 있을까? 이른 봄의 꽃들은 대부분 흰색, 노란색, 보라색이다. 수선화도, 실라도, 크로커스도, 히아신스도 그렇다. 튤립이 피면서부터 정원 안에 화려함과 경쾌함이 폭발한다. 이 맛 때문에 매년 가을이면 튤립을 심는다. 다른 봄 구근식물들이 주지 못하는 빨간색과 노란색은 물론이고, 주황색, 살구색, 검정색, 짙은 자주색 등 다양한 색을 선물한다. 게다가 홑꽃, 겹꽃, 키가 큰 종, 작은 종 등 다양한 인간 군상처럼 다양한 튤립들이 세상을 요란하게 들쑤시며 꽃을 피운다.

겨우내 교복처럼 입고 다녔던 검정색 오리털 외투가 무안해질 만큼 화려한 튤립이 세상 밖으로 나오면 드디어 봄이 왔음을 실감하게 된다. 어떤 이는 튤립을 두고 "화려하지만 깊이는 없어"라고 말하기도 하고, 또 어떤 이는 "역시 봄에는 화려함으로 승부해야 해"라고 말하기도 한다. 어쨌든 튤립은 봄을 깨우는 아이다.

개화기가 긴 것도 아니고, 매년 심어 주어야 하고, 꽃이 지고 나면 어수선한 이파리를 잘라 주어야 하며, 야생동물에도 취약하지만, 모든 이들에게 봄이 왔음을 알리는 일에 실패한 적이 없는 식물이다.

어느 해인가, 튤립을 어느 정도나 재활용할 수 있는지를 테스트해 보고 싶었다. 그래서 100개의 튤립 구근을 캐내어 보관했다가, 가을에 다시 심어 주었다. 다음 해 봄이 되자 100개의 모든 구근들이 이파리를 올리는데 성공했지만, 그중 꽃을 피운 아이는 서른 개였다. 다음 해에 꽃을 피울 양분을 충분히 저장하지 못했기 때문이다. 그렇다고 양분 저장을 위해 비료나 축분 퇴비를 쓸 수는 없었다. 주변의 숙근초들과 함께 살아야 하니까. 그래서 30퍼센트의 확률로 꽃이 피는 구근식물을 매년 수확해서 보관하는 수고로운 일을 포기하고 새롭게 구입하는 데 비용을 쓰기로 했다.

튤립이 중해? 내가 중해?

요즘에는 검은색 튤립에 빠져 있다. 엄밀하게 말하면 검은색이 아니고 진한 빨간색이나 자주색이다.

백합, 마르타곤백합, 터키의 모자

마르타곤나리 '클로드 슈라이드' 74
Lilium martagon 'Claude Shride'

H	3~8
↕	120~150cm
↔	30~60cm
✿	늦봄
☀	양지/반음지
◌	보통~습윤

진심으로 만나고 싶었던 식물이라, 첫 꽃이 피었을 때는 'Happy to see you'라는 인사가 절로 나왔다. 알프스산맥 숲 언저리 풀밭도 아니고, 꽃밭도 아닌, 초원 같은 곳에서 자생하는 식물이란다. 다른 식물보다 키가 큰 이 아이는 여기저기서 아무렇게나 쑥쑥 올라와 초원 같은 풍경에 마지막 '터치'를 해 주는 화룡점정 같은 식물이다. 예쁘지만 예쁜 줄 모르고, 착하지만 착한 줄 모른 채 산골에 살고 있는 순박한 테스 같은 아이다. 나쁜 남자를 만나기 전의 테스!

이 식물을 구할 기회를 호시탐탐 노리고 있었는데, 300여 개가 들어간 상자째로 살 수 있는 기회를 만났다. 식물을 수입하는 업체의 바짓가랑이를 붙잡고 마지막 주문서를 사수해 간신히 한 박스를 주문했지만 혼자서 이 많은 수량을 감당할 수는 없었다. 그렇게 SNS 공동구매를 진행해서 얻은 소중한 식물이었다. 그렇게 찍박골정원에 자리 잡은 마르타곤나리는 순조롭게 자라고 있다. 심은 지 3년이 지났지만 아직 꽃이 소담스럽게 피는 정도는 아니고, 안정적으로 뿌리를 내려 달릴 준비를 마친 상태다.

몇 종류의 백합을 키우고 나서 우리나라의 환경에 가장 잘 맞는 구근식물은 백합이라는 결론을 내렸다. 마르타곤나리뿐만 아니라 백합 대부분이 그렇다. 일단 줄기가 튼실해 잘 쓰러지지 않는다. 자연 발아도 없다. 어느 토양에서나 까탈스럽게 굴지 않는다. 촉촉한 땅을 좋아하지만 건조한 암석가든에서도 잘 살아간다. 월동과 여름 장마 모두 전혀 문제 되지 않는다. 병충해도 없고, 양지나 반음지에서 모두 괜찮다. 특히 마르타곤나리는 각각의 꽃대에서 12개 이상의 꽃을 피우는 것으로 유명하다. 그러다 보니 개화 기간도 길고, 아주 화려한 정원을 만들어 준다. 키는 크지만 날씬해서 좁은 정원에 사용하기에도 훌륭하다.

한 가지 아쉬운 점은 이식을 매우 싫어해서 성숙한 개체가 되어 풍성해지기까지 시간이 좀 걸린다는 점이다. 첫해에 구근을 심고 나면 이듬해나 되어야 새싹이 올라온다. 그러고 나서도 더디 자란다. 그래서 포기가 커진 백합의 딸 구근을 나누어 개체 수를 늘리고 싶은데, 또 오랜 시간 기다려야 하는 상황이 심란해서 포기하고 있다. 꽃송이가 쑥쑥 늘어나지 않으니 매년 감질난다. 백합은 밀당의 고수다.

큰 키에 호리호리한 몸매를 가진 식물이라 분산식물로 사용하고 있다. 무리 지어 심지 않고, 산에서 씨가 날아와서 여기저기서 쑥쑥 올라온 듯하게 듬성듬성 심어 주었다.

하늘을 향해 말려 있는 꽃잎이 터키의 전통 모자를 닮았다고 해서 유통명이 '터키의 모자Turk's Cap'다.

넓은 정원에 열 포기 남짓 드문드문 심었을 뿐인데도, 주변의 분위기를 단번에 사로잡을 만큼 강렬한 인상을 남긴다.

백합

백합   75

Lilium

H	3~9
↕	70~100cm
↔	30~50cm
❀	한여름
☼	양지/반음지
◊	보통

백합에 대한 기대는 크지 않았다. 내게 백합은 결혼식장을 빛내 주는, 아니면 장례식장 화환의 한 가운데 여왕님처럼 자리 잡고 있는 꽃이라고만 생각했다. 그러나 꽃이 1주일도 피지 않고 사라져 버리는 작약의 자리를 1년 내내 그대로 두고 싶지 않아서 백합을 선택했다. 작약과 백합을 섞어 심고, 작약꽃이 시들어서 이파리만 무성한 여름이 되면 백합이 다시 한번 그 자리를 채워 주게 한 것이다.

여름이 되자 하얀색 백합꽃이 화이트 가든에서 피어났고, 피자마자 노란 꽃가루가 떨어져서 하얀 꽃잎은 도시락에서 새어 나온 김칫국물에 노랗게 물든 교과서처럼 누리끼리하게 변해 있었다. 꽃이 피고 하루 이틀 만에 꽃송이를 잘라 냈다. 그 후로 잡지에서 배운 대로 꽃이 생기자마자 노란 꽃술을 따 주었다. 가루도 날리지 않고, 꽃도 오래 피어 준다니까. 그러나 이 일을 매일 하고 싶지는 않았다. 그렇다고 노란색, 빨간색, 분홍색 꽃이 피는 백합을 심고 싶지도 않았다. 백합은 흰색이어야 한다는 고정관념이 있었기 때문이리라. 그러다가 '마이 웨딩'이라는 연꽃 같은 겹꽃 백합을 만났다. 순전히 노란 꽃가루가 날릴 것 같지 않아서 선택한 품종이었다. 꽃가루 문제도 해결되었는데 개화기도 꽤나 길었다. 처음으로 백합을 정원식물로 인정한 순간이었다.

그 후로 빨간색 꽃이 피는 업둥이 백합도 정원에 들어왔다. 주변에서 토종 나리 씨가 날아 들어왔다고 생각했다. 그런데 너무나 드라마틱하게 여름 정원을 꾸며 주는, 아마도 '노벰버 레인 November Rain'으로 추정되는 백합이 자라났고, 풍성하게 자라나서 여름정원의 디바가 되어 가고 있다.

10년이 살짝 넘는 지금까지의 가드닝 경험을 총동원하자면 우리나라 기후 환경에 가장 적합한 구근식물은 단연 백합이라 생각한다. 양지나 반음지에서도 괜찮고, 월동도 좋고 장마에도 문제 없다. 식물 지지대나 데드헤딩도 필요 없다. 번식도 조용하게 자구를 만들어서 식구를 불리고, 몸집을 키워 가는 정도다. 변덕 부리지 않고, 밤 늦게까지 회식하자고 요구하지도 않고, 부하 직원에게 책임 전가도 하지 않고, '칼퇴'해도 눈치 주지 않는 흠잡을 데 없는 젠틀한 부장님 같은 식물이다.

업둥이 백합이라 이름도 모르고 성도 모르지만 색깔 있는 백합에 처음으로 눈을 뜨게 해 준 식물이다. '백합이 흰 색이 아니어도 되는구나!'

여러가지 백합 중에서 가장 늦게 피는 겹꽃 백합은 꽃술이 없어서 하얀 꽃잎을 더럽히지 않는다. 그리고 정원 한가득 채워 주는 향기는 백합 최고의 무기다.

H	8~11
↕	60~80cm
↔	30~40cm
❀	한여름~가을
☀	양지
💧	보통

다알리아, 다알리아 로미오

다알리아 해피 싱글 '로미오' 76
Dahlia Happy Single 'Romeo'

찍박골정원의 식물들 중에서 가을이면 따뜻한 곳에 들여놓았다가 봄이면 다시 노지에 심어 주는 유일한 아이다. 온실도 마다하고, 화분도 마다하고, 발아시켜 모종 만드는 일도 마다했었다. 겨울은 오로지 휴식만 허용되는 계절이어야 한다고 생각했다. 아마 바닥까지 에너지를 긁어모아서 살았던 서울 생활에 대한 소심한 복수일 것이다. 그럼에도 불구하고 포기하지 않는 식물이 있는데, 바로 다알리아 '로미오'다.

홑꽃이자 왜성종인 이 품종은 다른 '얼큰이' 다알리아에 비해 구근을 많이 만들어 내지 않는다. 한 개만 심어도 가을이 되면 10~20개 정도 다닥다닥 붙어나는 다른 다알리아에 비해 이 아이는 다섯 개 안팎으로만 구근을 만드는, 좀 인색한 식물이다. 추운 겨울이 오기 전에 구근을 캐내서 그늘에 말려 흙을 털고 비닐에 넣어 보관한다. 왕겨 속에 묻어도 되고, 상토에 묻어도 되고, 신문지에 돌돌 말아 놓아도 된다. 중요한 것은 온도다. 경험상 적절한 온도는 5~10도 정도인 것 같다.

구근을 보관하는 동안 물은 전혀 주지 않아도 된다. 봄이 되어서 꺼내 보면 미이라처럼 바짝 말라 있다. 그러나 땅속에 들어가면 금새 오동통하게 불어난다. 비닐 봉지에 넣어 보관하면 마르지 않고 봄까지 잘 보존된다. 구근은 물 없이도 버티지만 습기가 많으면 썩어 버린다. 어느 해인가 봄이 되자 상토를 채운 화분에 구근을 넣고 물을 듬뿍 주었다. 감감무소식이길래 물을 또 주었다. 한 달이 지나도 싹은 나오지 않았다. 대신 물컹거리는 상한 구근들만 흙 속에 들어 있었다. 구근일 때는 건조하게! 하지만 일단 싹이 나기 시작하면 양분도, 햇빛도, 물도 좋아한다.

한여름부터 꽃이 피기 시작해 서리 내릴 때까지 피는데, 가을로 갈수록 꽃송이가 풍성해진다. 가을철, 퇴색한 그라스의 색상에 핏빛 '로미오'가 섞이면 마치 팜프 파탈의 화신 카르멘을 보는 것 같다. 구릿빛 광택이 은은하게 반짝이는 새틴 드레스에 빨간 꽃을 꽂은 매력적인 집시를 보는 것 같다. '로미오'의 붉은빛 꽃송이와 구릿빛 이파리는 언제 보아도 치명적이다. 쓰러짐이 있어서 지지대를 해 주야 하지만 (모든 다알리아가 그렇기는 하다) 이 정도의 수고는 흔쾌하게 OK다. 겨울마다 캐서 들여놓아야 하지만 그것도 OK다. 모든 귀찮음이 용서되는 내사랑 '로미오' 니까.

다알리아 '해피 싱글' 시리즈 중에서 위험할 만큼 아름다운 '로디오'를 가장 사랑한다. 꽃피는 식물이 적은 가을에는 다알리아의 시든 꽃을 따 주는 일이 노고가 아닌 재미다.

브로콜리처럼 생긴 큰꿩의비름이 꽃을 피우기 시작할 때,
다알리아도 본격적으로 꽃대를 올리기 시작한다. 가을로 갈수록
풍성해지는 다알리아, 가을로 갈수록 분홍색을 입는 큰꿩의
비름, 가을로 갈수록 멋스러워지는 그라스 파니쿰은 가을 정원의
'삼합'이다.

교목·관목 Trees

클레마티스 *Clematis*

히어리 *Corylopsis coreana*

박태기나무 *Cercis chinensis*

양국수나무 '디아블로' *Physocarpus opulifolius* 'Diabolo'

향분꽃나무 *Viburnum × carlcephalum*

무궁화 시폰 시리즈 *Hibiscus* Chiffon Collection

준베리 '발레리나' *Amelanchier* 'Ballerina'

느릅나무 '삿포로 오텀 골드' *Ulmus* 'Sapporo Autumn Gold'

서양측백 '대니카' *Thuja occidentalis* 'Danica'

산딸나무 *Cornus*

층꽃나무 *Caryopteris*

자작나무 *Betula platyphylla*

서양딱총나무 '블랙 레이스' *Sambucus nigra* 'Black Lace'

미국붉나무 '타이거 아이즈' *Rhus typhina* 'Tiger Eyes'

용버들 *Salix matsudana*

귀룽나무 *Prunus padus*

눈주목 *Taxus cuspidata* var. *nana*

수국 *Hydrangea*

노각나무 *Stewartia pseudocamellia*

애기말발도리 *Deutzia gracilis*

털설구화 '라나스' *Viburnum plicatum* f. *tomentosum* 'Lanarth'

풍년화 *Hamamelis × intermedia*

개회나무 *Syringa reticulata* var. *amurensis*

쥐똥나무 *Ligustrum obtusifolium*

클레마티스

클레마티스 77
Clematis

H	5~9
↕	4~6m
↔	4~6m
✿	중간봄
☀	양지/반음지
○	보통

작은 화분 속 클레마티스 모종은 자칫 줄기가 부러질 듯 가늘어 보이지만 3~4년 키우고 나면 건장한 골목대장이 된다. 맞선 자리에 다소곳하게 앉아 있던 가냘픈 여성이 아이 하나 낳고 나면 환생한 여포가 되는 것과 비슷하다.

   덩굴식물 대부분은 공간이 많이 필요하다. 악명 높은 등*Wisteria floribunda*은 물론이고, 인동덩굴, 능소화, 머루, 다래, 덩굴장미, 담쟁이덩굴, 등수국 등 덩굴을 뻗으며 성장하는 식물들은 지지대로는 감당하기 쉽지 않다. 담장, 죽은 나무, 집의 외벽, 지붕, 퍼걸러 등 마음껏 뻗어 나갈 수 있는 넓은 공간을 주어야 키우기가 수월하다. 아니면 해가 갈수록 계속 덩치를 키우는 이 식물들을 감당하기 위해서는 계속 줄기를 잘라서 공간에 맞게 크기를 조절해 주어야 한다. 뿌리를 뽑아서 나누는 일도 만만치 않지만, 분주한 새로운 개체를 위한 자리를 마련하는 일도 쉽지 않다.

   클레마티스는 장마가 끝나고 나면 이파리 대부분이 늦가을 비 맞은 낙엽처럼 너절해진다. 그래서 5분의 4쯤 잘라 버리면 다시 깨끗한 새순을 올리고 다시 꽤 볼 만한 꽃을 피운다. 즉, 훌륭한 2차 개화를 한다는 의미다. 클레마티스도 조생·중생·만생종(A그룹, B그룹, C그룹)이 있어서, 봄에 일찍 꽃이 피는 조생종은 꽃이 지면 바로 약하게 가지치기를 해 주어야 한다. 묵은 가지에 꽃이 피기 때문이다. 그래서 꽃이 피고, 지저분해지면 싹둑 잘라 내도 괜찮은 중생종이나 만생종이 키우기 수월하다. B그룹과 C그룹에 속한 클레마티스는 금년에 올라온 새 가지에서 꽃이 피기 때문이다.

   오래 전에 아주 존경하고 좋아하는 할머니 가드너에 관한 다큐멘터리를 보았다. 풀을 뽑느라 상한 오른손 엄지와 검지 사이를 수술한 이 할머니는 몇 년 후 다시 왼쪽 손을 수술했다는 내용이 있다. 엔딩은 "이 정원에서 너무 행복했어요"였다. 아름다운 정원 풍경, 너무 행복했다는 할머니의 정말로 행복한 표정과 함께 수술했다는 내용이 계속 머릿속에 맴돌았다.

   요즘 가드너로서 나의 화두는 '이지 가드닝'이다. 아름답지만 너무 열심히 하지 않아도 되는 정원을 만들고 싶다. 남편은 클레마티스를 사랑한다. 잘라 주고, 묶어 주고, 거름도 준다. 나는 손끝 하나 까딱하지 않고, 꽃이 피면 사진만 찰칵 찍는다. 내가 추구하는 최고의 이지 가드닝이다!

원하는 꽃을 찾아 전국을 돌아다닐 때 만났던 '훌딘Huldine'. 은은한 펄pearl감이 느껴지는 꽃잎이 아주 감동적인데. 남편은 손바닥만 하게 피는 파란색 꽃 클레마티스가 더 멋지단다.

'머리는 뜨겁게, 발은 시원하게!' 클레마티스를 키우는 느하우가 이 한 문장에 모두 들어 있다.

히어리

히어리 __78__
Corylopsis coreana

H	5~9
↕	1.5~3m
↔	2~3m
✿	초봄
☀	양지/반음지
💧	보통

한국 고유 특산종으로 2~3미터 정도 자라는 관목이다. 풍년화가 한창 '꽃잔치'를 마치고 시들해질 즈음에 노란 귀걸이 같은 꽃을 달랑달랑 피워 내는 나무다. 관목이라서 맹아지잘린 그루터기나 줄기에서 새로 돋아나는 싹이나 가지가 많이 나오는 편이라 다간지 정원수를 만들기에는 좋지만, 마찬가지 이유로 계속 올라오는 맹아지를 매년 잘라 주어야 하는 귀찮음도 감수해야 한다.

히어리를 보면 (기억하는 사람이 있을지 모르겠지만) 미국 서부 개척시대를 배경으로 한 미국 드라마 〈초원의 집〉에 등장하는 얌전한 큰 언니 메리가 생각난다. 히어리의 줄기가 마치 물결 흐르는 듯 출렁이는 곱슬머리 같다. 귀걸이를 주렁주렁 걸친 화려한 모습이지만 꽃보다 구불거리는 줄기가 더 매력적이다. 줄기뿐만 아니라 수형도 잎사귀도, 단풍도, 꽃도 모두 아름다운 나무다. 관목인지라 그늘을 만들어 주는 나무를 원했다면 적절한 선택은 아니다. 하지만 다른 초화류와 어우러져야 하는 정원 내부의 조경수로는 아주 그럴싸한 나무다. 양지나 반음지 모두 괜찮아 일광 조건이 까다롭지 않고, 우리나라 자생종이라 생태계와의 궁합도 좋고, 병충해에도 강한 편이다.

성장 속도도 아주 빠른 편이다. 1미터 정도 되는 묘목을 심고 3~4년이 지나면 제법 어른 티가 난다. 속은 어리지만 수염이 곰실곰실 나서 '남자 사람'인 척하는 사춘기 아들 녀석 같다. 덩치는 내 키를 훌쩍 넘을 만큼 자라지만 아직 줄기는 여리고 덜 단단해서 흐느적거리는 것을 숨길 수 없다.

5년 전에 산에서 굴취한 히어리 성목을 심었는데, 4년 정도 지나고 나서야 비로소 꽃다운 꽃을 피웠다. 착근에 시간이 걸렸기 때문이리라. 그러나 1미터 남짓 되는 어린 묘목을 심었을 때는 이듬해에 바로 꽃을 피우고 '폭풍 성장' 했다. 이렇게 성장이 빠른 식물은 굳이 성목을 심을 필요가 없는 것 같다. 산에서 데려온 성목이 자리를 잡는 동안 어린 묘목이 성장해서 4~5년 지나면 별 차이 없어 보인다. 나무를 심다 보면 아무래도 어린 아이들이 착근이 빠르다는 사실을 실감한다. 몸살도 없고, 가지가 죽어 버리는 일도 없고, 한여름에 낙엽이 지는 일도 없다. 이식한 성목에서 꽃도 피고 나뭇잎도 싱싱하게 나와서 안심하고 있었는데, 3년 정도 지난 후에 죽어 버린 일도 있다. 나무도 사람도 변화 앞에서는 나이가 심한 장애가 되는 것 같다.

곱슬머리처럼 구불거리는 히어리의 줄기.

| 노랗게 단풍이 든 히어리의 잎. | 찍박골에 들어온 지 4년. 이제야 뿌리를 제대로 내린 히어리가 귀걸이처럼 대롱거리는 꽃을 주렁주렁 피워 냈다. |

박태기, 박태기나무

박태기나무 79

Cercis chinensis

H	4~8
↕	3~5m
↔	2~3m
❀	중간봄
☀	양지/반음지
◊	건조~보통

박태기나무라는 이름은 꽃의 모양이 섬세하고 도자기 문양처럼 아름다워 '박태기薄胎器'라는 단어에서 유래했다는 설도 있고, 줄기에 다닥다닥 붙어서 피는 꽃이 밥풀 같다 해서 붙은 이름이라는 설도 있다.

초등학교 교실로 들어가는 진입로에 '박태기나무'라는 이름표를 붙이고 서 있었던 나무였지만, 꽃이나 이파리의 모양은 기억에 없다. 꽃이 지고 난 후에 강낭콩 꼬투리 같이 생긴 열매가 땅을 향해 주렁주렁 매달려 있던 장면이 기억 어느 언저리에 남아 있다. 콩과식물이고 3~5미터 정도로 자라는 활엽 관목이라 정원수로 들이기에 사이즈가 적당하고, 무엇보다도 관수나 토양 조건이 까다롭지 않고, 병충해에도 강한 편이다. 그래서 공원, 학교, 관공서 앞 등 아무데서나 자라고 있었던 모양이다.

이 나무를 들일 때 살짝 고민스럽기는 했다. 너무도 흔하게 보아 왔던, 그러나 심고 싶다는 생각은 한번도 해 본 적이 없는 나무였기 때문이다. 이런 나무를 일부러 비용을 들여가면서까지 심어야 하나? 꽃을 좋아하는 중년 여인들이 가질 법한 아주 평범한 생각이었다.

처음에 만난 박태기나무는 1미터 남짓의 작고 왜소한 체구에 꽃이라고는 촌스럽기 그지없는 자잘한 진분홍색 꽃들이 몇 송이 달라붙어 있는 정도의 나무였다. 관심도 애정도 없이 이 존재감 없는 나무와 몇 년을 동거했는데, 5~6년쯤 지났을 때 갑자기 성형수술을 마치고 부기 빠진 아름다운 모습으로 봄과 함께 나타났다. 형광빛 연두색을 뽐내는 황금느릅나무의 화사함에도 전혀 밀리지 않게 작지만 당당한 모습으로 서 있었다. 헤어진 남자친구에게 복수하고자 외모를 리모델링하고 나타난 시나리오 속의 여인 같았다. 찬찬히 살펴보니 참 예쁜 나무였다. 사이즈도 아주 적당하고, 봄에 꽃을 피우는 교목이나 관목이 대체로 개화기가 짧은 것에 비해 이 나무는 3주 넘게 꽃을 보여 준다. 단풍도 제법 예쁘고, 꽃이 지고 난 후 달리는 콩깍지 모양의 열매도 제법이고, 하트 모양의 이파리도 제법이다. 자꾸 '제법'이라는 표현을 쓰는 이유는 그만큼 박태기나무에 별 기대가 없었기 때문일 것이다. 나이가 들어야 예뻐 보이는 꽃이라는 말에 무릎을 쳤다.

나이가 들어야 예뻐 보인다는 박태기나무꽃.

| 단풍이 든 박태기나무의 잎. | 콩과식물이라 콩 같은 열매를 닺는 박태기나무는 척박한 곳에서도 잘 자란다. |

H	3~7
↕	1~2.4m
↔	1~2.4m
🌸	늦봄
☀	양지/반음지
💧	건조~보통

자엽양국수나무, 자엽국수나무

양국수나무 '디아블로' 80
Physocarpus opulifolius 'Diabolo'

조팝나무 정도의 크기라고 생각했다. '디아블로 Diabolo'라는 품종이었는데, 셋째 해가 되자 키가 거의 2~3미터 정도 컸다. 잘 키워서가 아니라 태생이 그런 나무였던 것이다. 작은 나무라고 생각하고 시작한 나무가 배정된 자리보다 훨씬 크게 2미터 넘게 자라자 뽑아야지, 뽑아야지, 하면서 6년을 함께했다.

그런데 지금까지 한 번도 나무에 꽃이 꽉 들어찬 모습을 보지 못했다. 이 나무는 성장세가 남달라서 1년에 두세 번은 가지치기를 해 주어야 했으니까. 이른 봄에 정갈하게 이발을 해 주면 꽃이 피는 6월이 되면 다시 더벅머리가 되어서 사자의 헝클어진 갈기를 보는 것 같았다. 그래서 봄이건 여름이건 사정없이 잘라 주었다. 덩치도 크고, 단정하게 크는 나무도 아니고, 성장세도 엄청나다 보니, 어느새 보면 집채만 한 크기로 자라 있고, 또 어느새 그 만큼 자라 있고, 뿌리에서 올라오는 흡지도 엄청나서 감당이 안 되었다. 묵은 가지도 새 가지도 사정없이 잘라 내다 보니 나무 한 가득 꽃을 피워 본 적이 없다.

도대체 다른 이들은 이 나무를 어찌 키우는지 구글링을 하다가 두 가지 사실을 알았다. 첫째, 남들도 나와 같구나! 그런데 장소를 넉넉하게 배려하다 보니 나 같은 애로 사항이 없었던 것이었다. 그리고 둘째, 외목대에 위쪽만 수관이 있는 '스탠더드형'으로 깔끔하게 키우고 있었다. 유레카!

두서없이 빨리 자라는 성향이 텔레토비같이 머리 큰 꽃을 이고 다니느라 장마가 올 때마다 꽃송이를 매단 줄기들이 힘에 겨워 땅바닥을 굴러다니는 나무수국 '라임라이트'*Hydrangea paniculata* 'Limelight'와 비슷한 것 같았다. 장마 때마다 땅바닥에 뒹구는 나무수국을 치켜 세우느라 전쟁을 치렀는데, 외목대로 키우면서 이런 애로사항이 없어졌다. 나무수국은 목수국계의 정우성이 아니던가. 양국수나무도 나무수국처럼 외목대로 키워 보리라!

이 '디아블로'가 속을 썩이는 동안 왜성종 '올 블랙All Black'은 공부까지 잘하는 '엄친아'로 자라 주어서 말썽꾸러기 큰 형을 대신해 위안이 되기는 하지만, 데려온 지 3년이 넘은 것 같은데 아직 꽃을 본 적이 없다. 그러나 워낙 검붉은 이파리만으로도 '한 인물' 하는 식물이라 그것으로 '퉁' 치고 있다.

어렸을 때 엄마가 뜨개질로 떠 준 털모자의 방울 같은 꽃이다. 검붉은 모자에 장식으로 붙여 준 흰색 털실 방울.

햇살에 비친 '올 블랙' 이파리는 거의 빨간색이 다. 1.5미터 × 1.5미터 정도로 자라는 사이즈다. 작은 정원에서 포인트로 사용하기에 아주 좋다.

H	4~8
↕	2~3m
↔	2~3m
🌸	중간봄
☀	양지/반음지
💧	보통

유럽분꽃나무

향분꽃나무 <u>81</u>

Viburnum × carlcephalum

엄마 분 냄새가 난다 해서 붙은 이름, 분꽃나무. 열매가 쥐 똥을 닮았다 해서 붙은 이름, 쥐똥나무. 노루가 오줌을 갈긴 듯 뿌리에서 냄새가 난다 해서 붙은 이름, 노루오줌. 사슴의 뿔처럼 아름답고 매끈한 줄기라 해서 붙은 이름, 노각나무.

네이밍을 전문으로 하는 마케터라도 식물 이름을 보면 정곡을 꿰뚫는 통찰력과 유머에 감탄하지 않을 수 없을 것이다.

향분꽃나무에 꽃이 피는 계절이 되면 자석처럼 어른거리는 향기에 이끌린다. 꽃이 다 질 때까지도 향기는 길게 남아 있고 꽃이 모두 지고 나서도 머릿속에서는 잔향이 계속 남아 있다. '엄마의 분 냄새를 닮은 분꽃'이라는 꽃 이름도 계속 남아 있다. 개화기가 짧다는 것이 흠이기는 하지만, 명자꽃을 제외하고는 봄꽃 나무 대부분이 1주일 내지 열흘 정도 꽃이 핀다는 사실을 감안하면 그다지 큰 단점도 아니다.

집 주변 산야에 듬성듬성 하얗게 꽃을 피우는 토종 분꽃나무가 살고 있다는 사실을 향분꽃나무를 심고 몇 년 후에 알게 되었다. 토종 분꽃나무는 토종다운 단아함이 있다. 향분꽃나무와 비교하면 소박한 아름다움이다.

내 정원에 살고 있는 향분꽃나무보다 열흘 정도 일찍 꽃을 피우는 분꽃나무는 꽃이 모여 있는 '꽃볼'의 크기가 절반 정도 밖에 되지 않고, 조팝나무 같은 관목 형태의 잔잔한 느낌을 주는 나무다. 토종 분꽃나무를 먼저 만났다면 아마도 먼저 정원에 들였을지도 모르겠다. 신앙처럼 숭배했던 원예종을 향한 믿음이 기후변화라는 악재 앞에 나약해지면서 슬금슬금 자생종 쪽으로 곁눈질을 하고 있다. 세계적인 정원사들이 자생종을 우선순위에 두는 이유를 조금씩 이해하고 있는 중이다. 그래도 아직은 무대를 가득 채운 비누방울 같은 향분꽃나무의 꽃들과 진한 향기를 포기하고 싶지 않다.

향분꽃나무를 키울 때 염두에 두어야 할 특별한 점은 없지만, 꽃이 지고 난 후 가지치기를 할 때 잠시 고민하게 한다. 향분꽃나무는 조팝나무 같은 여느 관목처럼 줄기가 위로 쭉쭉 올라오지 않고, 갑자기 방향을 바꾸는 파리처럼 줄기가 지그재그로 삐죽삐죽 올라온다. 남아 있던 잔향의 기억은 사라지고 파리 한 마리 잡겠다고 전력 질주하는 험상 궂은 본능만 남아 '어느 삐죽이를 잘라야 하나'에만 꽂혀 있다.

자생종 분꽃나무는 정원 안에서 키워 본 적이 없어서 멀리서만 바라보던 관목이다. 요란하지 않고 소박한 토종다운 모양새로 환경에 이미 적응되어 있어 기후 변화에도 능히 버텨 낼 힘이 숨겨져 있을 것이다.

열 그루가 넘는 향분꽃나무가 일제히 꽃을 피우면 '동글이'들이 하늘을 가득 메운 동글동글한 세상이 된다. 그리고 그 '동글이'들은 정신이 아득해질 만한 향기를 뿌려 준다.

무궁화

무궁화 시폰 시리즈 82

Hibiscus Chiffon Collection

H	5~9
↕	2.5~3.5m
↔	2~3m
❀	한여름
☀	양지
💧	보통

내 정원에서 살게 되리라고는 상상도 해 본 적 없는 무궁화에 어느 틈엔가 마음을 훅 빼앗겼다. 정원 잡지에 실린 사진에 꽂혀 인터넷을 뒤져 '시폰 시리즈'라는 품종을 찾았고, 30센티미터 정도 되는 묘목을 구입해서 심었다. 하지만 2년 정도는 키도 자라지 않고, 덩치도 그대로이고, 꽃도 시원찮게 달려서 '나무 구실이나 할까?' 싶었다. 하지만 4년 정도 지나자 1미터 넘게 키를 키우고 그 해부터 제법 풍성하게 꽃을 보여 주었다. 한여름에 꽃이 필요한 곳이라면 직접 사다가 심어 주고 싶은 나무다. 아낌없이 꽃을 피워 준다. 꽃 인심이 이렇게 후한 식물이 또 있을까? 100일 동안 꽃이 핀다는 배롱나무가 강원도 찍박골정원에서는 겨울을 넘기지 못해 군침만 다시고 있었는데, 배롱나무가 없다는 아쉬움을 달래 주기에 충분한 나무다.

다닥다닥 꽃봉오리가 생기고, 다닥다닥 꽃을 피우고, 그 '다닥다닥'만큼 많은 꽃이 시들어서 동백꽃 떨어지듯 뚝뚝 떨어진다. 꽃이 많이 피는 나무 대부분은 꽃이 많은 만큼 데드헤딩도 해 주어야 하지만 이 무궁화는 그렇게 귀찮게 굴지 않는다. 알아서 꽃봉오리를 다소곳하게 접어서 뚝 떨어뜨린다. 시드는 꽃 자체가 지저분하지는 않지만, 많이 떨어진다.

각각의 꽃송이는 하루 정도 피고 진다. 하루백합day lily이라 불리는 원추리가 그렇듯. 한 달 넘게 꽃이 피고 지기 때문에 매일 시들어 떨어지는 꽃송이가 아주 많아서 떨어진 꽃송이가 바닥 멀칭을 해 줄 정도다. 많은 꽃송이가 떨어지기 때문에 나뭇가지 사이사이에 끼어 못 떨어지는 것들이 있어 가끔씩 나무줄기를 손으로 쏙쏙 털어 주어야 한다.

우리가 익히 아는 무궁화와는 달리, 진딧물도 없고 '시폰'이라는 이름처럼 투명하고 까슬까슬한 느낌이 고급스러운 식물이다. 한여름 화사한 꽃이 필요한 펜션이나 식당, 카페 같은 장소에 아주 제격이다. 1년생 2년생이었을 때 땅에서 올라오는 흡지나무 뿌리 근처 땅속이나 줄기 밑동에서 새로 돋아나는 가지를 잘라 준 것 말고는 해 준 것이 없는 것 같다. 그 후로 3년쯤 지나자 성장세가 빨라졌다. 자력갱생하는 사람처럼 혼자 알아서 잘 커 준다.

내가 가장 좋아하는 단어, 자력갱생!

'화이트 시폰'은 꽃잎도, 꽃 중심부도, 수술도 모두 흰색으로 화이트 가든을 더 하얗게 다듬어 준다.

'블루 시폰'은 꽃 색깔과 모양만으로는 무궁화인지 구별하기 어려울 정도다. 꽃 중심부의 붉은색만이 무궁화라고 말해 주는 듯하다

만 세 살이 되고부터는 무럭무럭 자라서 나무 모양새를 갖추고 있다.

준베리

준베리 '발레리나' 83
Amelanchier 'Ballerina'

⌂	4~8
↕	4~6m
↔	3~4m
✿	중간봄
☀	양지/반음지
◌	보통

큰 문제 없이 무난하게 지나간 해年처럼, 이렇다 할 스토리도, 사연도, 감정도, 그다지 드라마틱한 면이 없는 나무다. 워낙 외국 정원 사진으로 많이 보았고, 이 나무에 관해서는 누구나 '잘난 정원수'로 당연히 인정해 버리고 있어서 아무런 고민 없이 선택했다.

내가 가장 좋아하는 자연주의 정원의 스타 댄 피어슨의 강의에서 만난 준베리의 위엄을 상상하면서 여섯 그루를 심었다. 그런데 돌이켜 보니 수년 전에 로키향나무 '블루 에인절'*Juniperus scopulorum* 'Blue Angel'을 구입하면서 농장주가 서비스로 끼워 주었던 식물이 바로 준베리였다는 사실이 기억났다. 당시에는 준베리를 '준대리'로 잘못 알아듣고는 김대리도 아니고 박대리도 아니고 준대리? 했다가 내 무지를 여지없이 드러내서 민망했던 적이 있다.

'머스트 해브 아이템' 같은 나무라 1미터 남짓 되는 묘목을 심어 두고는 그냥 잊고 있겠노라 했었다. 나무를 길러 보니 초화류와는 달리 3년은 기본적으로 시간 투자를 해야 한다는 사실을 깨달았기 때문이다. 뿌리를 내릴 때까지 걸리는 시간이 평균 3년은 되고, 이 기간이 지나야 비로소 아이들이 성장하기 시작했다. 그래서 잊기로 했다.

그런데 이 나무는 좀 달랐다. 어린나무를 심어서인지는 모르겠으나 성장세가 남달랐다. 심은 이듬해에 곧바로 꽃이 피고, 열매를 맺고, 키도 키우고, 덩치도 키웠다. 좀처럼 '적응' 기간이라는 것이 필요 없어 보이는 나무였다. 심은 여섯 그루 모두 그랬다. 함께 심었던 올분꽃나무 '돈'*Viburnum × bodnantense* 'Dawn'과 서양딱총나무 '블랙 레이스'*Sambucus nigra* 'Black Lace'가 비슷한 사이즈임에도 수년이 지나고서야 줄기를 올리며 살아 있다는 신호를 보내는 것과는 차원이 달랐다.

할머니 립스틱을 바르고, 핸드백을 팔뚝에 걸치고, 앞도 보이지 않게 얼굴을 덮는 내 모자를 쓰고 나오는 다섯 살짜리 쌍둥이 손녀의 '멋부림'처럼 네 살이 되어 가는 준베리는 6월에는 흰 꽃으로, 7월에는 붉은 열매로, 10월에는 단풍으로, 제때에 맞는 '멋짐'을 보여 준다. 그런데 아직 어린 나무라 꽃도, 열매도, 단풍도 손녀 같은 말랑거리는 모습이 언뜻 묻어난다.

좁은 공간에 심어 위로 길게 뻗도록 키우는 중이다.

작은 별 모양 꽃들이 모여서 핀다. 향기가 난다는데, 향기에 둔한 나는 아직 느끼지 못하고 있다.

블루베리와 블랙베리가 그렇듯 준베리도 병충해가 없고 단풍이 아름답다. 그리고 열매의 맛은 동네의 새들이 모두 빼앗아 갈 만큼 황홀하다.

황금느릅나무

느릅나무 '삿포로 오텀 골드' 84
Ulmus 'Sapporo Autumn Gold'

H	4~9
↕	10~12m
↔	6~8m
✿	중간봄
☀	양지/반음지
♦	보통

20여 년 전 친정아버지가 처음 폐암 진단을 받았을 때, 지금처럼 정보가 넘쳐나는 것도 아니고 처음 겪는 큰일이기도 해서 온 식구가 우왕좌왕 갈피를 못 잡고 있었다. 친정어머니는 그 당시 암 치료 권위자인 어느 박사의 세미나를 전국으로 쫓아다니며 암을 알고자 했다. '지피지기면 백전불태'라 했던가! 그런데 예상과는 달리 엄마는 서양의학의 치료법 대신 느릅나무와 차가버섯 달인 물로 아버지 병구완을 했다. 느릅나무 덕분인지 엄마의 정성인지는 모르겠지만 아무튼 2년이 지났을 때, 아버지는 '완치 판정'이라는 기적을 달성했다.

내 기억 속의 느릅나무는 꽃도, 나무도, 이파리도 모르지만 항암 치료에 탁월한 효험이 있다는 것으로만 기억되던 식물이었다. 이름도 성도 몰랐던 그 느릅나무가 찍박골정원에 터를 잡은 연유는 아주 단순하다. 염소를 키웠던 곳이라 나무 한 그루 없던 이 골짜기에 나무 심기 프로젝트를 시작하면서부터였다.

나무를 재배하는 농장에서 마음에 드는 나무들을 쇼핑하는 재미는 백화점에서 마음에 드는 원피스를 만났을 때와는 비교도 안 되게 엔돌핀이 솟아나는 일이었다. 아마도 영화 <자이언트>에서 까만 기름이 솟아오르는 유전이 터졌을 때 제임스 딘이 느꼈던 감동과 비슷할 것이다. '황금느릅나무'라는 이름으로 유통되는 이 느릅나무는 '느릅'이라는 익숙한 이름에 끌려 선택했던 나무다. 황금색 이파리를 올려 빛나는 장면을 만들어 낸다는 사실도 모르는 채 말이다.

봄만 되면 산수유의 노란색 꽃보다도 더 노란 이파리가 피어났다. 여름으로 갈수록 이 노란색 이파리는 점점 연두색으로 변해 갔지만, 여전히 노란빛을 띠고 있어 멀리서도 한눈에 들어오는 멋스러운 나무다. 1.5미터 정도 되는 아이를 심었는데 속성수라서 4~5년 만에 벌써 옆에 있는 온실을 내려다볼 정도로 덩치가 커졌다. 물론 근사한 그늘도 선물해 주었다.

하지만 옥의 티! 쑥처럼 뿌리로 번식한다. 여기저기서 자꾸 새끼들이 솟아난다. 제초매트와 야자매트로 바닥을 덮어 주고 나서야 진정이 되었다. 빠른 시간 안에 많은 그늘이 필요한 곳에는 아주 요긴한 나무가 될 것이다. 꼭 이 나무가 필요한 자리가 있는데, 군락을 만들어 버릴 것 같아서 엄두를 못 내고 있다. '번식왕'이다.

이른 봄에 노란 새 잎을 내면 노란 꽃을 피우는 산수유보다 더 '노란' 나무가 된다.

녹음수로 활용할 수 있을 만큼 시원한 그늘을 만들어 준다. 2021년에 1미터 약간 넘는 나무를 심었는데, 빨리 크는 속성수라 2024년부터 벌써 널찍한 그늘을 만들어 주었다.

H	2~7
↕	30~60cm
↔	30~60cm
☀	양지/반음지
💧	보통

둥근측백

서양측백 '대니카' — 85
Thuja occidentalis 'Danica'

내 눈에만 예뻐 보이는 아이가 있다. 어린이 놀이터에서 두 명이 놀고 있어도 내 새끼만 보이고, 열 명이 놀고 있어도 내 새끼만 보이는 것처럼 말이다. 서양측백 '대니카'가 그렇다. 내가 먼저 이 나무에 대해 설명하기 전에는 아무도 이 나무를 먼저 물어보는 사람이 없었던 것을 보면 말이다. 영화나 책을 보다가 유독 기억에 남는 장면들이 있다. 서양측백 '대니카'는 내게 그런 장면 같은 식물이었다. 영화도 아니고, 사진도 아니고, 책도 아닌 어느 디자이너의 스케치에서 처음 본 이 나무는 내게 번개처럼 잊을 수 없는 장면을 마음속에 새겨 주었다.

10년 넘게 가드닝을 하면서 온갖 식물들을 경험했지만, 서양측백은 내게 그리 긍정적인 나무는 아니었다. 왜냐하면 서양측백은 주목이나 구상나무 같은 상록수와는 달리 묵은 줄기와 이파리를 매년 봄마다 털어 주어야 하기 때문이다. 이 낙엽들이 나무 줄기 사이사이에 먼지처럼 끼어서 공기 순환을 막아 버리고 병충해를 유발하기도 한다. 또 한 가지 서양측백 키우기가 어려운 점은 그늘을 전혀 못 견딘다는 것이다. 키친가든에 있는 '에메랄드 그린Emerald Green'은 10여 년을 자라면서 제법 우람한 덩치로 커져서 왕실을 지키는 호위병처럼 텃밭을 지켜 주고 있다. 그러나 양지에서 자라고 있는 반쪽은 문제가 없지만, 나머지 반쪽은 포도나무를 받쳐 주는 지지대 속에 가려져 있다. 봄에 열심히 이파리를 키우고 회복될 만하면, 여름을 맞아 무성해지기 시작하는 포도나무 그늘에 옴짝달싹 못하고 들어가 버리게 된다. 그래서 이 호위병 나무의 절반은 늘 초로에 접어들면서 점점 머리통이 드러나는 탈모의 중년이 되고 버리고 만다.

그럼에도 불구하고 숲정원의 하부 식재로 서양측백 '대니카'를 심었다. 숲정원의 나무들이 우거질수록 이 아이에게는 더 열악한 환경이 될 것이다. 여름이나 겨울이나 1년 내내 상록의 둥근 모습을 지켜 주는 멋진 의리와 초록의 숲정원에 공 모양으로 점점이 '스타카토'를 찍어 주는 환상적인 그림을 포기할 수 없어서 심기는 했지만 언젠가는 빛 좋은 양지로 옮겨 주어야 하는, 마음의 빚을 지고 있는 나무다.

'대니카'는 1년 내내 똑같은 모습이다. 회양목이 나 주목처럼 깎아주지 않아도 공처럼 둥근 모양을 지키고 있다.

여름에 푸른 신록에 묻혀 있을 때에도, 가을의 단풍 속에 있을 때에도, 겨울의 흰 눈 속에 있을 때에도, '대니카'를 바라보는 내 눈에서는 꿀이 뚝뚝 떨어진다.

H	5~9
↕	4~9m
↔	4~9m
❀	중간봄
☀	양지/반음지
💧	보통

동양산딸, 미산딸나무, 꽃산딸나무

산딸나무   86
Cornus

찍박골정원에는 두 종류의 산딸나무가 살고 있다. 가을이면 매실만 한 빨간 열매가 열리고 '동양산딸'이라는 이름으로 유통되는 산딸나무 *C. kousa*와 키운 지 10년이 되었는데 제대로 꽃도 안 보여 주고, 당연히 열매도 안 보여 준 꽃산딸나무 '체로키 프린세스' *C. florida* 'Cherokee Princess'(추정)다. 산딸나무는 월동도, 꽃도, 열매도 문제가 없다.

산딸나무를 키우면서 만나는 가장 아름다운 순간은 열매가 맺힐 때도 아니고, 십자가 모양의 하얀 꽃(실제로는 총포)도 아니다. 열매가 열리면 까만 슈트를 폼 나게 차려 입은 까마귀가 산딸나무의 빨간 열매를 입에 물고 날아가는 장면이다. 까만 정장 차림에 빨강 행커치프를 꽂은 시상식장의 배우를 보는 것 같다. 절대 사진 속에 담기지 않는 모습이지만 산딸나무와 관련된 가장 인상적인 순간이다.

품종명 '체로키 프린세스'로 추정하는 다른 꽃산딸나무는 10여 년 전부터 키우기 시작했지만 최근 3~4년 전부터 꽃을 보여 주었다. 시중에서 '미산딸나무'라는 이름으로 유통되는 나무인데, 그나마도 완전하지 않은 '찌질한' 모습이었다.

사실 이 아이에게는 찍박골정원의 겨울이 너무 춥다. 그동안 나도 소 닭 보듯 지나 다녔고, 특별한 관심이나 애정이 가는 나무는 아니었다. 왜냐하면 특별한 꽃도, 특별한 단풍도, 특별한 수피도, 기억에 남는 요소가 없는 나무였기 때문이다. 심은 지 5~6년 동안 거의 자라지도 않다가 3~4년 전쯤에 처음으로 꽃을 피웠다. 꽃이라고 해 봐야 몇 송이 달리지도 않았지만 그마저도 지고 나서야 그게 꽃인 줄 알았다. 그리고 그 다음 해에 좀 더 많은 꽃이 달렸다. 꽃이 달리자 열매가 달렸다. 이 나무가 안정적으로 자라는 따뜻한 곳에서야 큰 이야깃거리가 아니겠으나, 이 식물의 내한성 범위 밖의 찍박골정원에서 보는 이 나무의 와인색 단풍과 은색 줄기, 그리고 빨간색 열매는 숨을 멎게 하는 긴장과 감동이 함께하는 순간을 선사한다.

화살나무보다 더 아름다운 단풍, 사철나무 열매보다 더 앙증맞은 빨간 열매, 그리고 노각나무 줄기를 보는 듯한 은색 줄기가 쓸쓸한 가을 날임에도 봄빛처럼 고급스러운 화사함을 만들어 주었다. 사진을 찍어도 찍어도 설레는 내 마음이 담기지 않아, 며칠 동안 이 아이 사진만 찍었다. 가슴 뛰는 아름다움이었다.

단풍이 들고, 낙엽이 지고, 열매만 남을 때까지 매일 바라보고, 사진 찍고, 쓰다듬었던 꽃산딸나무 '체로키 프린세스'.

빨간 열매는 겨울에 식량을 구하기 힘든 새들에게 요긴한 먹을거리다.

십자 모양 꽃처럼 보이는 '동양산딸'의 순백색 총포.

층꽃, 관목층꽃

층꽃나무   87
Caryopteris

H	5~9
↕	60~90cm
↔	60~90cm
✿	늦여름
☀	양지
💧	건조~보통

인제 산골, 찍박골에서 층층이 꽃을 피우는 층꽃나무는 월동을 못하는 식물이다. 4~5도 정도 온도 차이가 나는 읍내만 해도 층꽃나무는 물론, 감나무, 매실나무, 모과나무가 너끈하게 겨울을 난다. 그러나 찍박골에서는 겨울을 넘기지 못해 매년 홀쭉한 모습의 신입생인 채로 서 있다. 몇 년씩 묵어서 가지가 한아름씩 올라오는, 풍성한 맛이 없는 식물이었다.

그러다가 '헤븐리 블루Heavenly Blue'와 '서머 소르베Summer Sorbet'라는 품종의 층꽃나무를 만났다. 내한성이 Zone5라 가능하다는 정보가 마음에 쏙 들어왔다. 어릴 때는 줄기가 부드러운 초본 같은데 자라면서 나무처럼 딱딱해진다. 늦은 가을이나 이른 봄에 묵은 줄기를 잘라 주면 목질화된 줄기에서 꽃을 피울 연한 줄기들이 새로 올라와서 가을이 시작될 무렵 파란색 '꽃잔치'를 펼쳐 준다. 그렇게 몇 년 동안 층꽃나무는 찍박골정원에서 같은 시기에 꽃이 피는 그라스와 추명국과 멋진 케미를 보여 주었다. 내한성이 강화된 원예종답게 월동은 문제없어 보였다.

그런데 복병을 만났다. 여름 장마가 두어 달씩 지속되면서 습기와 싸워야 하는 상황이 되어 버렸다. 건조한 토양을 좋아하는 식물 대부분처럼 습한 날이 지속되면 활력을 잃는다. 병치레도 한다. 장마가 한 달이 넘어가면 병색이 돌고 줄기가 힘을 잃다가 녹아내린다. 힘없이 축 늘어진 모습을 보면 안쓰러워 애써 눈길을 피한다. 그래도 장마가 멎고 아침저녁으로 찬 바람이 불면 병치레를 해서 약해진 줄기에서 보라색 꽃을 힘겹게 피워 낸다. 이쯤 되면 보나마나 뿌리는 한 주먹 정도만 남았을 테고, 허약해진 체력으로는 겨울을 나기가 더 어려워진다.

가을로 갈수록 꽃을 피우는 식물도 드문데, 파란색 꽃은 더 드물다. 이런 시기에 이런 귀한 색깔로 꽃을 피워 주는 귀한 식물이라 포기하기에는 너무 아쉬워서 다시 '서머 소르베'라는 황금색 이파리를 가진 품종을 들였다. 2025년에는 장마가 짧아서인지 너무 상큼한 모습으로 자라나고 있다. 이번에는 아예 외목대 '스탠더드형' 나무처럼 키우는 중이다. 무릎 높이만큼 높여서 교목처럼 키우면 길어진 장마가 야기하는 과습 피해로부터 벗어날 수 있을 듯해서!

스토커처럼 달라붙어서 기어이 키워 내고 말 테다.

층꽃나무는 종자 번식이 잘된다. 봄이 되면 자연 발아한 어린 싹들이 엄마 옆에 옹기종기 모여 있다.

밝은 연둣빛 이파리를 가진 '서머 소르베' 품종. 이파리 색상만으로도 정원에서 큰 몫을 해 주는 사랑스러운 식물이다.

층꽃나무는 그라스의 이삭이 패는 늦여름에 꽃을 피워 정원의 피날레를 장식해 준다.

자작나무

자작나무 88
Betula platyphylla

H	4~7
↕	9~12m
↔	5~7.5m
☀	양지/반음지
💧	보통~습윤

몇 해 전에 손가락 두께의 한 살짜리 자작나무 묘목을 심었다. 이 나무가 2025년에 여섯 살이 되었다. 근사한 숲이 만들어졌고, 쓸모 있는 그늘도 생겼고, 느낌 있는 장소로 성장했다. 자작나무는 정원수로 아주 탁월한 식물이다. 느티나무처럼 잎과 줄기가 빽빽하면 하부에 살고 있는 식물들에게 햇빛도, 양분도, 수분도 나누어 주지 않는다. 모름지기 정원수는 그늘이 좀 부족해도 자작나무처럼 이파리가 헤성헤성하고, 줄기도 느슨해서 빛과 바람이 잘 통하는 나무가 좋다. 그래야 정원에 함께 살고 있는 다른 식물들과 유익한 조건을 사이 좋게 나눈다.

그러나 정원수로 완벽해 보이는 자작나무도 큰 흠이 있다. 15살 미만의 유년기에는 부피 성장보다는 길이 성장을 하는 편이다. 게다가 속성수이면서 천근성 뿌리 구조를 가지고 있어서 줄기가 무르고, 잘 휘고, 잘 꺾이고, 잘 뽑힌다. 그래서 외목대보다는 다간형으로 키우는 것이 안전하고 자연스러워 보인다. 아니면 주변 건물 높이에 맞게, 주변 풍광과 어울리게 잘라 줄 필요가 있다. 찍박골정원에서는 나무가 세 살일 때 4.5미터 높이에서 잘라 주었고, 또 3년이 지나고 잘라도 좋을 만큼 충분히 자라 났을 때, 4미터 높이에서 또 한 번 잘라 주었다. 그리고 나무가 적당한 광량과 기온, 수분과 양분을 섭취할 수 있도록 너무 가까이 심은 아이들은 솎아 주기도 했다.

평생을 나무와 함께 삶을 꾸려 오신 팔순을 바라보는 전문가 할아버지께 부탁해서 진행한 프로젝트였다. 그 연세에도 하루 종일 고소작업대를 오르내리며 100그루 가까이 되는 나무의 가지치기를 해 내신 분이다. 일을 끝내고는 피곤한 기색 하나 없이 상쾌한 걸음으로 두 시간 걸리는 퇴근길을 나서셨다. "안 볼 때, 몇 그루 잘라 냈다"는 말씀을 연기처럼 흘리고는 하얀색 마이바흐를 타고 찍박골정원을 미끄러지듯 빠져나갔다. 밀식 상태에서는 나무가 몸통을 키우지 못하니까 나무를 솎아 내야 하는데, 내가 안타까워할까 봐 나 없는 틈에 잘라 냈다는 말씀이었다. 지금도 어디서 나무를 잘라 냈는지 보물 찾듯 찾아보지만 아직도 흔적을 찾을 수가 없다.

귀신 같은 노인네!

엘사 공주가 뛰어다닐 것만 같은 새하얀 겨울나무다. 자작나무의 수피는 겨울에 더 하얗게 보인다.

지표면 가까이에 퍼지는 형태로 뿌리를 뻗는 천근성 식물이다. 그래서 가뭄에 취약하고 무거운 폭설에 얕은 뿌리가 뽑히는 경우도 있다.

자작나무의 단풍은 은행나무 못지않은 멋진 노란색 세상을 만들어 낸다.

H	4~7
↕	1.5~2.5m
↔	1.5~2.5m
✿	초여름
☀	양지/반음지
◊	보통~습윤

엘더베리 블랙 레이스

서양딱총나무 '블랙 레이스' 89
Sambucus nigra 'Black Lace'

사실 포기했었다. 강원도 산골 기후와 맞지 않는 나무라고 생각했다. '블랙 레이스'와 '블랙 뷰티 Black Beauty' 두 가지 품종을 얼추 대 여섯 그루 정도 심었다. 그루라고 할 것도 없이 거의 뿌리나 다름없는 나무였다. 까만 이파리에 얼이 빠져서 습성이고, 사이즈고, 개화기도 묻고 따지지도 않고 냉큼 구해서 심었다.

그런데 심은 해에도, 다음 해에도, 또 다음 해가 되어도 이 까만 이파리는 성에 차게 새순을 만들어 내지 않았다. 정원식물 대부분은 꽃을 기다리느라 애가 타지만, 이 아이는 이파리를 기다리는데도 애가 탔다. 찰랑찰랑 윤이 나는 까만 이파리를 기대하고 심었지만, 부스스한 머리칼로 마지 못해 끌려 나온 미팅 자리에서 성의 없이 자리만 지켜 주는 마땅치 않은 모습이었다. 매년 가을마다 잊지 않고 거름도 챙겨 주고, 그 정도면 빛도 수분도 적당한 자리인데, 도무지 자랄 생각이 없어 보였다. 그래도 매년 없어지지는 않고 봄이면 몇 개 되지도 않은 줄기에서 새싹이 나오기는 했다. 어느 분이 대신 키워 보라며 성장세가 좋은 품종인 '골드 타워 Gold Tower'를 추천해 주었다. '블랙 레이스'와는 달리 심으면서 자라기 시작했지만 이 '블랙이'를 대신할 수는 없었다.

심은 지 4년이 지났을 즈음, 멀리서 꽃이 보였다. 1미터도 못 되는 땅딸막한 화초 같은 모습으로 분홍색이 언뜻언뜻 묻어나는 꽃이었다. 가까이 다가가서 보고서야 비로소 이 엘더베리가 꽃을 피웠다는 사실을 알았다. 그제야 몇 그루가 살아남았는지, 어디에 살고 있는지 뒤져 보았다. 고만고만한 크기로 네 그루가 살아남았다. 나무 형태와 이파리를 보니 이제야 뿌리를 제대로 내린 듯 보였다. 반질반질 윤이 나는 이파리가 말해 주고 있었다. 처음 사진 속에서 만났던 광채 나는 까만 이파리가 제법 소담스럽게 올라와 있었다.

어느 농장주의 경험에 따르면 엄청 부산스러운 사내아이처럼 자라난다고 했다. 아마도 양국수나무처럼 어수선하게 자라는 것이 아닌가 싶었다. 거의 땅바닥에 엎드려 있는 것처럼 자라다가 세 살 무렵부터 걸음마 하는 아기처럼 줄기로 우뚝 선다고 했다. 그래서 자리를 넓게 만들어 주라고 했는데, 지금은 부산하거나 얌전하거나 상관없이 일단 뿌리를 내려 주어서 고마울 뿐이다. 벨벳 광택 같이 까맣게 빛나는 이파리만으로도 기다린 세월을 충분히 보상받았다.

꽃이 만개하기 전에는 우아한 분홍빛이지만 졷점 분홍색을 잃고 흰색이 되어 까만 이파리에 품위 있게 스며들더 간다.

반질반질 윤기가 흐르는 이파리를 보니 드디어 뿌리를 내리고 자라기 시작했구나!

미국붉나무

미국붉나무 '타이거 아이즈'
Rhus typhina 'Tiger Eyes'

H	4~8
↕	1.5~2.5m
↔	1.5~2.5m
☀	양지/반음지
💧	보통

한동안 토종 붉나무*R. chinensis*를 찾아다녔다. 국유림으로 둘러 쌓인 찍박골정원 주변에 흔하게 살고 있는 나무지만 막상 정원에 들일 붉나무를 찾는 일이 쉽지 않았다. 왜냐하면 회초리 같은 묘목이라도 인터넷에서 판매하면 곧장 구해서 심을 텐데, 만만하게 구할 수 있는 곳이 없었다. 특히 옻나무 종류라 그런지 접근이 쉽지 않았다. 아직 옻을 접해 본 적이 없어서 막연한 공포 때문에 삽 한 자루 갖고 올라가서 캐 올 수 있는 무모한 용기도 없었다. 게다가 불법이기도 해서 썩 내키는 방법은 아니었다.

가을마다 주변을 압도할 만큼 화려한 붉은 단풍을 보면서도 그게 붉나무라는 사실을 안 지도 얼마 되지 않는다. 그렇게 매년 가을이면 내 정원에 붉나무를 품고 싶은 욕심이 커져 갔다. 그러다 원예종인 미국붉나무 '타이거 아이즈'를 발견했다. 더 많이 심고 싶었지만 세 그루로 만족해야 했다. 그마저도 이제는 더 이상 심을 곳을 찾지 못해 내 등짝에라도 심을 심산으로 구입해서 꾸역꾸역 숲정원에 밀어 넣었다.

그런데 심은 지 얼마 지나지 않아서 잘못된 선택이라는 사실을 알았다. 쑥처럼 지하줄기로 퍼져서 2~3년 내에 군락을 이룰 것 같았다. 가까스로 공간을 만들어 심었는데, 여기 저기서 새로운 생명들이 비집고 올라오고 있었다. 황금느릅나무를 심으며 경험했었기 때문에 어떤 불상사가 벌어질 지 금새 파악할 수 있었다. 그래도 호랑이 눈처럼 예리하게 찢어진 이파리들을 포기하고 싶지 않았다. 지하줄기로 번식하는 것만 빼면 수형도, 이파리도, 단풍도 너무 좋아서 이 나무를 포기하고 싶지는 않았다. 관목으로 태어났기 때문에 그늘을 만들어 주는 나무로 활용하기는 어렵다. 하지만 정원에 들일 조경수로는 좋은 것 같은데 이렇게 번식을 하면 그 마저도 곤란하다. 버틸 만큼 버티다 아마도 내년쯤, 아니 올 가을쯤에는 자리를 옮겨 주어야 할 것 같다.

정원을 다니면서 이 나무가 살만한 장소를 물색하고 있다. 불꽃처럼 타오르는 단풍이 필요한 자리, 벨벳 같은 촉감을 팔뚝으로 느낄 수 있는 자리, 갈기갈기 찢어진 이파리를 보면서 감탄할 수 있는 자리! 타고난 본성 대로 살아갈 수 있는 좋은 곳으로 옮겨 줄 생각이다. 지금의 자리에서는 이 아이가 가진 끼를 제대로 부리고 살 수 없을 테니까 말이다.

심은 지 채 2년도 되지 않은 미국붉나무의 성장세.

'타이거 아이즈'라는 이름처럼 쭉쭉 찢어진 예리한 이파리.

용버들

용버들   91
Salix matsudana

H	5~9
↕	6~9m
↔	6~9m
☀	양지
💧	보통~습윤

잡풀로 우거진 도랑에 흙을 붓고, 돌을 넣고, 바위를 얹어, 잔잔하지만 경쾌한 물소리가 울리는 숲속 골짜기에 자리한 것 같은 개울정원을 만들었다. 그러고는 그것도 '물'이라고 물가의 시그니처 나무인 버드나무를 심었다. 지지대를 만들어서 버텨야 할 만큼 작은 나무가 지금은 곱슬거리는 나무줄기가 개울의 바위까지 흘러내릴 만큼 커졌다. 이 나무는 지나가는 모든 이의 옷자락을 붙잡아 세울 만큼 아름다운 자태로 자라났다.

"이건 무슨 나무인가요?"
"파마 머리 같아요."
"버드나무인가요?"

가던 길을 멈추고 예쁜 아기 머리 쓰다듬듯 구불거리는 이파리를 어루만지고 지나간다.

    기억이 가물거리는 어린시절부터 보아 왔던, 도시를 가로지르는 전주천 변에 터줏대감처럼 서 있던 능수버들을 기억한다. 멀리서 차를 타고 가면서도 보일 만큼 웅장한 나무들은 무리 지어 전주천을 지키는 장승 같았다. 나중에 고향을 뜨고, 나이가 들면서 정원을 가꾸게 되고, 화려한 꽃에서 품격 있는 나무로 관심이 옮아 갈 때쯤, 다시 만난 능수버들의 모습은 '경외' 그 자체였다. 타지에서 살면서 내가 겪었던 삶의 환희와 역경을 다 알고 있는 듯한 따뜻한 모습으로 그 자리에 서 있었다. 그러다 몇 년 전에 도시 미관과 물의 흐름을 막고 꽃가루가 날린다는 이유로 그 능수버들을 베어 냈다는 소식을 들었다. 내 어린 시절이 베어지는 것처럼 안타까웠다. 그러나 인간 세상에 영원한 영광도 영원한 절망도 없다는 사실을 아는 나이인지라, 섭섭하지만 늘 변화하는 세상 속을 부유하는 작은 편린이라 생각했다. 오르막이 있으면 내리막이 있고, 밝음이 있으면 어둠이 있고, 봄이 오면 여름이 오고.

    능수버들도 한때 도약의 순간을 지나 찬란한 절정에 이르렀고, 이내 서서히 쇠퇴하며 삶의 끝자락을 맞이한 것 아닐까. 대신 내 정원의 곱슬머리 용버들을 내 고향의 찬란했던 능수버들이라 생각하기로 했다. 어린 시절에 보았던 능수버들과는 달리 서양 미녀처럼 곱슬머리이기는 하지만 앞으로 살아갈 날의 환희와 역경을 조용히 지켜보면서 찍박골정원에서 나와 함께 삶을 이어 갈 것이다.

큰 비가 내려 개울정원의 물이 불어나고 물 위로 용버들의 이파리가 찰랑거리면 전주천의 능수버들을 보는 것 같다.

헐벗은 용버들의 가지마다 눈이 내리면 무채색 세상에 색깔을 깁은 나무 하나가 세상을 화사하게 비추어 준다.

귀룽나무

귀룽나무 92
Prunus padus

H	3~6
↕	6~12m
↔	6~12m
✿	중간봄
☀	양지/반음지
💧	보통~습윤

찍박골은 예전에 염소를 키우던 농장이었다. 염소는 풀과 나뭇잎은 물론, 쐐기풀, 엉겅퀴, 가시덤불 같은 가시가 있는 식물, 심지어는 나무껍질까지도 먹어 치우는 왕성한 식욕을 자랑하는 초식동물이지만 맛없는 것은 먹지 않는 미식가로 알려져 있다. 귀룽나무는 염소가 싫어하는 먹을거리 중 하나였던 모양이다.

덕분에 나무 한 그루 없던 찍박골에 유일하게 살고 있던 나무가 바로 귀룽나무였다. 염소가 먹지 않은 유일한 나무였던 까닭에 고운 나무 한 그루를 정원에 담을 수 있었다. 봄이면 나무 전체를 뒤덮는 흰 꽃이 숨을 졸이게 하지만, 웃기는 것은 나무가 크다 보니 오전 빛을 받는 동쪽 면의 꽃이 먼저 피고 하루 이틀 지나면 다시 서쪽 면의 꽃이 뒤이어 핀다. 오며 가며 나무를 보고 있노라면 피식 웃음이 자꾸 새어 나온다. 그렇게 이 나무는 꽃이 피면 1주일을 행복하게 밝혀 준다.

코로나19가 기승을 부리던 시절, 온 세상이 우울해할 때 이 나무는 아무 걱정 없다는 듯이 해맑게 하얀 꽃을 피워 댔다. 얼마나 이 나무의 화사함에 마음이 환해졌는지. 그리고 그 무렵 '미스터 트롯'이라는 오디션 프로그램에서 남다른 존재감을 드러내며 나타난 임영웅이라는 가수가 구성지게 트로트를 불러서 난세의 영웅처럼 사람들의 시름과 고단함을 달래 주었다. 그래서 한동안 나는 이 귀룽나무를 '임영웅 나무'라 불렀다.

자생종이기는 하지만 자생종 대부분이 병충해에 단련된 것과는 달리 이 귀룽나무는 꽃이 질 무렵부터 병충해에 시달렸다. 광합성을 제대로 하지 못해서 나무가 쑥쑥 자라지 않았다. 방제를 시작하고 나서야 사춘기 남자아이처럼 자라났다. 태풍이 불어 나뭇가지가 흔들릴 때면 부러지지 않을까 조마조마할 만큼 나무가 커졌다. 그리고 여름이 끝날 무렵이면 다른 활엽수에 비해 낙엽이 일찍 진다. 이 나무의 단풍은 대단하지는 않고 말라서 떨어지는 정도지만 다른 나무들이 단풍으로 마지막 온갖 치장을 할 때 귀룽나무는 헐벗고 있어서 안쓰럽기는 하다.

귀룽나무는 물을 좋아한다. 번식력이 좋아서 물가마다 앳된 나무들이 한창 자라고 있다. 자칫하면 서로 뒤얽혀서 잡목 군락이 될 수 있다. 좋은 묘목 하나만 골라서 제2의 '귀룽이'로 키워 볼 생각이다.

자생종 나무들은 사람들의 손길이 닿지 않아 줄기가 올라오는 대로 자라나서 다간형 나무가 된다. 상품가치가 없다고 제쳐 놓는 이런 다간지 나무를 나는 좋아한다.

귀룽나무의 하얀 꽃.

귀룽나무는 수선화꽃이 한창일 때 자두나무와 때를 같이해서 하얀 꽃을 피운다. 분홍빛 자두꽃과 수선화·두스카리으 꽃이 함께 흐드러진 장면이 봄정원의 시그니처다.

눈주목

눈주목 —93—
Taxus cuspidata var. *nana*

H	4~7
↕	1~1.5m
↔	1~2m
☀	양지/음지
💧	보통

상록수의 위엄과 아름다움에 처음으로 깊이 감탄한 적이 있다. 영국 시싱허스트 캐슬 가든을 찾았을 때였다. 입구 마당 한가운데, 마치 정원의 근위병처럼 꼿꼿이 서 있던 네 그루의 지중해쿠프레수스이탈리안사이프러스, *Cupressus sempervirens*는 압도적인 존재감을 드러내고 있었다. 정형과 고요와 오라aura가 한 그루의 나무에서 뿜어져 나올 수 있다는 사실이 놀라웠다. 나의 작은 텃밭 가든에도 그와 비슷한 정서를 입히고 싶었다. 그래서 네 귀퉁이에 '에메랄드 그린Emerald Green'이라는 품종의 서양측백을 심었다. 하지만 빛은 네 그루의 나무에게 고르게 다가가지 않았다. 햇살을 받는 앞쪽은 무성하게 자랐지만, 그늘진 뒤쪽은 점점 앙상해져 갔다. 결국 나무는 반쪽짜리 풍경이 되었다.

회양목을 심어 울타리처럼 깎아서 정원의 경계를 만들었다. 그러나 봄마다 응애로 몸살을 앓으면서 이파리가 떨어지고 나무는 늘 꽁지 빠진 닭처럼 군데군데 비어 있었다. 농약을 매년 뿌려야 한다고 해서 대안으로 찾은 나무가 주목이었다. 몸값이 비싼 것이 흠이지만 농약을 뿌려야 된다는 죄책감으로부터 벗어나게 해 주는 것만으로도 충분히 가치가 있다고 생각했다. 그 후로 묵묵히 자리를 지키는 주목의 진가를 알아 가는 중이다. 회양목을 대체한 곳 말고 집 앞에도 여섯 그루의 눈주목을 심고 모양을 내서 깎아 주었고, 외목대 라일락 하부에도 눈주목을 심었다. 1년에 한 번 새싹이 힘차게 올라올 때 모양을 내서 깎아 주는 일 말고는 해 줄 것이 없다. 지금 다시 상록수를 선택하라고 한다면 나는 '에메랄드 그린'이나 '블루 에인절Blue Angel' 같은 서양측백 대신 주목을 선택할 것 같다.

일단 서양측백과는 다르게 낙엽이 지지 않는다. 봄마다 털어 주지 않아도 된다. 또 상록수 대부분이 음지에서는 생육이 저하되지만 주목은 대표적인 음지성 상록수라 음지에서도 탈이 없다. 그리고 성장이 느려 관리가 수월하다. 하지만 불행하게도 주목은 서양측백처럼 은빛이 나무를 감싸는 '블루 에인절' 같은 원예종이 없다. 정원이라는 무대 위에서 꾸준하고 성실한 배우를 찾자면 단연 주연급이지만, 결정적인 장면에서 시선을 사로잡는 스타일의 완성은 서양측백의 몫이다. 언제나 그렇듯 삶의 선택에는 늘 작은 함정이 숨어 있다.

스탠더드형 라일락을 줄지어 심고, 하부 식재로 주목을 심은 후 네모나게 깎아서 마무리했다. 가장 품이 적게 들어가는 정원이다.

보기 싫은 베란다를 가려 주면서도 내부의 시선을 차단하지 않기 위해 격자 캐스케이드를 설치하고 아래쪽에 작은 눈주목을 심었다. 나무가 겹쳐도 그늘을 웬만큼 견디는 주목이라 문제가 되지 않는다.

당년지 수국

수국 94
Hydrangea

H	5~9
↕	0.7~1.2m
↔	0.7~1.2m
✿	초여름
☀	반음지
💧	보통~습윤

집으로 올라오는 150미터 정도 되는 진입로에 수국 길을 만들었다. 백당수국 *H. macrophylla* var. *normalis*을 선두로 미국수국 '애나벨' *H. arborescens* 'Annabelle', 강원도에서도 파란 꽃이 핀다는 당년지 수국 '메구미' *H. macrophylla* 'Megumi' 그리고 어떤 조건에서도 꽃을 피워 주는 나무수국 '핑키 윙키' *H. paniculata* 'Pinky Winky'와 '라임 라이트 Lime Light'가 순서대로 꽃을 피우면 넉 달 정도는 수국 속에 파묻혀 살 수 있겠다는 계산이었다.

인생은 계획대로 되지 않는다는 것은 진리다. 물론 정원도 계획대로 되지 않는다. 여러 자질구레한 문제들이 있었지만, 가장 큰 문제는 수국 길에 하이라이트가 되어 줄 것이라 믿었던 '메구미'였다. 보통 파란 꽃을 피우는 수국은 내년에 꽃이 될 꽃눈이 우리나라 겨울 기온에 모두 얼어 버린다. 그래서 전년도 꽃눈이 아니고 그 해(당년) 새로 자란 가지에서도 꽃을 피우는 '당년지 수국'이 정원계에 거대한 바람을 몰고 왔고, 그중에 하나가 '메구미'였다. 그래서 큰 기대와 설렘을 품고 심었다.

그러나 이 당년지 수국은 변덕이 심하고 잘 토라지는 초등학생 여자아이처럼 도무지 종잡을 수가 없었다. 어느 해에는 꽃이 제대로 피고, 또 어느 해에는 정원이 다 저물어 가는 9월에 피기도 한다. 백방으로 원인을 찾았다.

결론은 당년지 수국에서 꽃이 피기 위한 조건은 12마디 만큼 커야 한다는 것! 그래야 비로소 꽃눈을 만들 수 있는 것이다. 그래서 느지막한 9월에야 9월의 하늘빛을 닮은 파란 수국이 꽃을 피웠던 것이다. 그리고 이전 해에 생긴 꽃눈은 겨울에 모두 얼어 버리고 당년지에서만 꽃을 피우기 때문에 풍성하지 않을 수밖에 없었다. 그래서 좀 더 일찍 꽃을 보고 싶다면 보온을 해서 전년도 줄기의 마디를 가능한 많이 살려 주어야 한다. 예를 들어, 세 마디가 살아 있으면 아홉 마디만큼만 자라면 꽃눈을 만든다.

작년에는 제대로 된 수국을 보겠다고 유공관지하에 매설하는 구멍난 관도 씌우고 그 속에 낙엽도 채워 주었다. 그 위에 눈이 쌓이면서 월동 채비가 완성되었다. 그럼에도 두세 줄기 밖에는 살아남지 못했다. 또 그럼에도 이전 년도나 별반 차이가 없었다. 금년에는 또 다른 방법을 써 보아야 할 것 같다. 경험해 보지 않은 시집살이를 수국한테 당하고 있다.

미국수국 '애나벨'은 꽃이 만개하기 전이 가장 아름답다. 막상 꽃을 활짝 피우면 꽃 무게를 감당하지 못한 가지가 허리를 굽히고야 만다.

당해 연도에 올라오는 가지에서만 꽃이 피기 때문에 느지막하게 9월이 되어야 꽃을 피우는 '메구미'

유공관에 낙엽을 채워서 월동 채비를 마쳤다. 그래도 파란 수국을 제대로 보기는 쉽지 않다.

가장 사랑하는 나무수국 '핑키윙키'. 레이스 같은 꽃 모양, 가을로 갈수록 진해지는 분홍색 꽃 색깔, 한 해도 거르지 않는 성실함까지!

노각나무, 비단나무

노각나무 95
Stewartia pseudocamellia

H	5~8
↕	4~10m
↔	4~10m
❀	초여름
☀	양지/반음지
◊	보통

오랫동안 비워 두었던 시골 땅에 병든 몸을 이끌고 귀향한 어르신이 계셨다. 자작나무와 노각나무, 쥐똥나무가 지천으로 자라고 있어서 흡사 숲이 되어 버린 부지의 한가운데에 허름한 거처를 짓고 자연인처럼 생활하던 분이었다. 인사차 들른 방문길에 '노각꽃차'를 처음으로 만났다. 하얀 동백꽃 같은 꽃이 심심한 맛을 내던 순한 차였다.

30년 전에 이 땅을 구입했을 때 심었던 나무가 노각나무였단다. 이름도 모르는 나무를 오래 전에 심고, 도시의 고단한 삶에서 얻은 병을 치료하고 위안을 받는 곳이 그 옛날 심었던 노각나무가 숲을 이룬 곳이라 했다. 이 말을 들은 이후로 나에게도 노각나무는 왠지 위안이 되는 나무라는 느낌이 들면서 꼭 심어 보고 싶은 나무 1위에 이름을 올렸다.

독일 가든 투어를 다니면서 숲정원을 만들겠노라 다짐하고, 귀국하자마자 정원 만들기에 돌입했다. 그리고 이때 심었던 나무가 개회나무, 마가목, 그리고 노각나무였다. 세 나무 모두 우리나라 자생종이지만 노각나무가 가장 빨리 자리를 잡았다. 믿었던 마가목은 심은 지 2년이 넘었는데 아직도 이파리와 꽃이 실하지 않다. 오히려 성장이 늦은 나무에 속하는 노각나무가 가장 일찍 자리를 잡았다.

워낙 다간 수형을 좋아하던 터라 노각나무도 다간지를 고르고 골랐다. 다간형 노각나무 세 그루를 심고, 얼마나 자주 바라보고 만져 보았는지 수피가 매끈해진 것 같았다. 물론 자주 만져서 그런 것이 아니라 원래 노각나무는 매끈하고 아름다운 수피로 유명하다. '비단나무'라는 이름으로 유통될 정도. 사슴 뿔처럼 보드랍고 황금빛을 지닌 아름다운 수피라는 뜻에서 '녹각鹿角' 나무라고 하다가 발음이 쉬운 노각나무가 되었다고 한다. 수피도 수려하지만 말을 아끼게 만드는, 숨 막히도록 아름다운 꽃을 피워 낸다. 어느 날 한 지인이 사진을 보내 왔다. 이런 천사 같은 꽃을 본 적이 있느냐며. 노각나무 사진이었다.

한 여름에 하얀 소복을 입은 처량한 새댁 같은 홑꽃이 동백꽃처럼 피었다가 정원 바닥에 뚝뚝 떨어진다. 눈물처럼 떨어진다. 피는 꽃도 지는 꽃도 순하게 아름다워서 나무 곁을 떠날 수가 없다. 물끄러미 앉아서 바라보고 있노라면 30분도 1시간도 훌쩍 흘러가 버린다.

청초, 고요, 단아, 소박. 노각나무의 꽃을 보면 생각나는 단어들이다.

노각나무는 자작나무, 단풍나무, 배롱나무와 더불어 수피가 아름다운 나무로 손에 꼽힌다.

애기말발도리

애기말발도리   96

Deutzia gracilis

H	5~8
↕	30~60cm
↔	50~70cm
✿	늦봄
☀	양지/반음지
○	보통

흰색 꽃과 분홍색 꽃을 섞는 것을 좋아한다. 아스틸베도 이렇게 심고, 뱀무도, 숙근양귀비도 이렇게 심었다. 흰색, 연노란색, 분홍색, 살구색, 모두 강렬한 색상은 아니지만 이 색들이 만나면 아주 사랑스러워진다. 그래서 흰색 꽃이 피는 '유키 스노플레이크Yuki Snowflake'와 '니코Nikko', 그리고 분홍색 꽃이 피는 '유키 체리 블라섬Yuki Cherry Blossom', 이렇게 세 품종을 섞어 심었다.

굳이 말발도리여야 하는 것은 아니었다. 숲자락 정원의 가장자리를 마무리해 줄 키 작은 식물을 찾다가 낙점된 식물이 애기말발도리였다. 또 경사지가 허전해서 '포켓 가든'을 만들고 거기에 적합한 식물로도 이 아이를 선택했다. 이 포켓 가든은 화분의 높이가 30센티미터이기 때문에 소담스럽게 자라서 자연스럽게 그 높이를 흘러내릴 수 있는 식물을 심고 싶었다.

물론 표면적인 이유는 '아름다운 식물로 장식하고 싶다'였지만 속내는 '풀을 잡고 싶다'였다. 그동안 제대로 관리하지 못했고, 집에서 멀리 떨어져 있는 숲자락 정원에 포켓 가든이 있어서 손이 잘 가지 않는 자리였다. 그동안 블루베리도 심고, 대추나무도 심고, 하부 식재 식물로 꽃 모양이 와인 잔을 닮은 제라늄을 선택해 보기도 했지만, 주변에서 올라오는 풀과 섞여 내가 풀인지 풀이 나인지 알 수 없는 총체적 난국이 되어 갔다.

그래서 생각을 바꾸어 눈에 띄게 아름답지 않아도 지나가고 나면 힐끔 뒤돌아볼 만큼 자연스럽게 녹아 드는 '조용한 악센트'를 만들기로 했다. 중요한 것은 손이 가지 않아야 된다는 점이었다. 그래서 초화류 대신 관목을 선택했고, 잡초 매트로 땅을 덮고 구멍을 내서 어린 애기말발도리를 심었다. 그러고 나서 3년, 가지치기 한 번 없이 식물들은 제자리를 찾았고 시간을 따라 흐르듯 자라났다.

서 있어야 하는 자리였다면 삐죽삐죽 올라오는 가지들을 잘라 주어야 했을 텐데, 흘러내리는 풍경을 만들다 보니 삐죽삐죽 길게 자라난 가지들이 작은 스카프처럼 가볍게 늘어져서 멋스러운 모양새를 만들어 주었다. 게으른 가드너의 '잔꾀'가 또 하나의 예쁜 풍경을 만들어 냈다.

내년이 더 기대된다.

60센티미터 정도 자라는 사이즈라 매년 잘라 주지 않아도 되고, 이파리가 빽빽하게 자라나서 풀도 막아 주고, 봄이면 엄지손톱간 한 꽃들이 다글다글 피어나서 화사한 '꽃잔치'도 해 주는 나무다.

살짝 흘러내린 줄기가 '쁘띠 스카프'로 멋을 낸 사회 초년생 아가씨 같다.

털설구화, 라나스덜꿩나무

털설구화 '라나스' 97

Viburnum plicatum f. *tomentosum* 'Lanarth'

H	5~8
↕	1.5~3m
↔	1.5~2.5m
✿	늦봄
☀	양지/반음지
○	보통

미국 덜꿩나무로 알고 수년 동안 키웠던 나무가 요즘 유행하는 '털설구화'였다. 특별히 계획해서 심거나 찾아다닌 나무는 아니다. 정원 공사를 하면서 관목이 들어갈 자리에 들어온 나무였다. 그리고 이미 '사계덜꿩나무'라는 식물을 한번 심어 보았고, 자리가 좁다는 이유로 한적한 곳으로 옮겼기 때문에 비슷하게 생긴 이 식물에게 크게 관심을 두지는 않았다. 털설구화는 이렇게 연극 무대의 단역배우처럼 누구의 주목도 받지 못한 채로 등장했다.

그러나 시간의 힘으로 점점 나무가 커 가면서 '예쁜 짓'을 하기 시작했다. 가장 먼저 눈에 들었던 점은 수형이었다. 관목이라 땅에서 아주 많은 줄기들이 올라오는데, 대부분 5~10개의 줄기 안팎으로만 남기고 모두 잘라 주었다. 다간형 나무로 키울 계획이었다. 그리고 한 그루는 외목대인 채로 들어왔다. 명자꽃이나 양국수나무와는 달리 땅에서 올라오는 흡지만 잘라 주었는데도 줄기가 옆으로 쭉쭉 뻗어서 화려한 나무로 자라났다. 전문가가 된 듯한 흡족한 자신감을 느낄 수 있게 해 준 나무였다.

다음으로 놀라웠던 점은 눈이 부실만큼 하얀 꽃이 다닥다닥 붙어 핀다는 것이었다. 옆으로 쭉쭉 뻗은 줄기를 따라서 바늘 하나 들어갈 틈도 없이 줄줄이 꽃이 피어났다. 아무리 사진을 찍어도 그 흰 꽃이 연출하는 장관을 담지 못했다.

그리고 가을이 되자 마룬색어두운 적갈색도 아니고, 버건디색짙은 빨간색, 와인색도 아닌 오묘한 단풍색을 입고 나타났다. 이런 단풍 색상을 본 적이 있었던가? 노랗고, 빨갛고, 파란 원색 등산복들 사이에 중간 톤의 고급스러운 아웃도어 외투를 입고 나타난 백발의 노신사 같았다. 등산복을 고를 때 '조난 당하면 구조되기 쉬워야 하니 눈에 잘 띄는 원색을 입어야 해'라는 공식이 진리처럼 되어 있어서 다른 선택의 여지가 없는 것이 항상 불만이었다. 평생 한 번 있을지도 없을지도 모르는 일에 대비해 노란색 빨간색 등산복을 입어야 한다는 것은 지나친 염려라고 생각했다. 털설구화의 단풍을 보기 전까지는 단풍도 중간 톤이 있어야 한다는 생각은 해 본 적이 없었다. 그런데 막상 이 색이라고도 저 색이라고도 표현할 수 없는 우아한 색상을 마주하고 보니, '맞다, 단풍도 중간 톤이 있었구나' 했다. 내 마음 속을 들여다보고 있는 것 같았다.

중심에는 작고 연한 크림색 참꽃이, 바깥 둘레이는 눈에 띄는 크고 눈부신 흰색 헛꽃이 반지처럼 빙 둘러져 있다. 이 대조 때문에 다치 레이스 장식처럼 풍성한 느낌을 준다.

꽃은 수평으로 넓게 퍼지도록 배열되어 피고, 꽃이 지고 나면 빨간색 열매가 꽃만큼이나 아름답게 나무를 장식해 준다.

원색의 화려한 단풍들 사이에서 귀한 색감의 단풍으로 존재감을 드러낸다.

단풍 색상이 독특해 가을이 시작되면 은근히 잎색이 변하는 순간을 기다리게 하는 식물이다.

풍년화

풍년화   98

Hamamelis × intermedia

H	5~9
↕	1.5~4m
↔	3~4m
❀	초봄
☀	양지/반음지
💧	보통

풍년화는 찍박골정원의 보물 같은 아이다. 겨울이 끝나기도 전에 서둘러서 꽃을 피워 내는 급한 성질 때문에 가끔은 빨간 꽃송이 위에 하얀 눈송이를 면사포처럼 쓰고 있기도 한다.

  꽃만 보면 큰언니 결혼을 앞두고 밤을 새워 가며 가위질을 해서 채워 나가던 폐백함이 생각난다. 잣과 은행 그리고 건포도를 끼운 가느다란 대나무 꽂이에 빨간색 파란색 색종이를 꼬불꼬불하게 접어서 잘게 잘라 장식한 폐백 바구니의 '꽃' 말이다. 풍년화는 폐백 바구니의 '청홍꽃'을 닮았다.

  일본이 원산지인 풍년화는 영하 20도 정도까지 견디는 내한성을 가지고 있어, 강원 남부가 북방한계선인 나무다. 강원도 춘천·원주권까지 안정적으로 자라지만, 강원 북부의 철원, 인제, 평창 등의 고지대에서는 겨울 한파와 건조풍 때문에 안정적으로 살아가기 어려운 나무라고 한다. 그래서 찍박골정원에서는 항상 군침만 삼키던 그림 속의 떡이었다. 사람들이 여의도 윤중로에 핀 벚꽃이 전하는 봄 기운에 진하게 취해 있을 때에도 찍박골정원에서는 겨우 손가락 한두 마디 정도만큼만 새싹이 올라오기 때문이다. 겨울은 길고 봄이 늦은 찍박골에서는 매년 꽃을 기다리는 그리움이 진득한 막걸리 지게미처럼 쌓이기 때문에 가장 먼저 꽃이 핀다는 풍년화가 늘 갖고 싶었다. 눈속에서도 얼지 않고 꼬불거리는 풍년화의 꽃잎을 보고 싶었다.

  그러다 내한성이 보강된 원예종 풍년화를 만났다. 바로 '다이앤Diane', '아놀드 프라미스Arnold Promise', '옐레나Jelena'다. 이 세 품종을 심고 그해 겨울은 풍년화 걱정으로 정원에서 마음을 떼어 놓지 못했다. 젖먹이 아이를 때 놓고 출근한 엄마처럼 나무 걱정을 하면서 겨울을 보냈다.

  그렇게 3년쯤 지나자 제법 실한 꽃송이를 피워 냈고, 몸통도 굵어지고, 이파리도 풍성하게 올리는 찍박골정원 안방 마님이 되어 가고 있다. 더욱 좋은 점은 추운 날씨에 피는 꽃이라 개화기가 길다. 한 달 정도는 너끈하게 피어 있다. 관목이라 덩치가 크지 않아 정원 조경수로도 썩 잘 어울린다. 야생종보다 색깔이 선명하고, 관목으로 태어난지라 다간형 조경수로 키워 내기도 쉽다. 하지만 너무 이른 시기에 꽃이 피어서 함께 놀아 줄 다른 꽃들이 없다. 그래서 사진 속의 풍년화는 늘 외톨이다.

'아놀드 프라미스'라는 노란 꽃을 피우는 품종이 가장 강건하게 자라는 듯하다. 착근도 가장 빠르고, 꽃도 가장 풍성하게 피우고, 성장세도 가장 좋다.

붉은 꽃을 피우는 '다이앤'이르-는 품종이다. 선명한 빨강이 아니고 바랜 듯한 빈티지 빨강인데다가 아직 나무가 더려서 풍성한 꽃을 피우지 못하기 때문에 가까이 가서 보아야 예뻐 보인다.

개회나무

개회나무 99
Syringa reticulata var. *amurensis*

H	3~7
↕	6~9m
↔	4~6m
❀	늦봄
☀	양지
💧	보통

나와 개회나무는 중매결혼한 부부 같다. 양쪽을 모두 알고 있는 지인으로부터 소개받았다. "어느 농장에 개회나무라는 멋진 나무가 있다. 토종 라일락으로 병충해에도 강하고 우리나라 계절의 변화, 강수, 토양, 산도 등에 이미 적응해서 속썩을 일이 전혀 없고 라일락이라 향기가 아주 좋다. 기후변화라는 현대 사회의 악재에도 전혀 흔들림이 없는 전도유망한 친구다. 한번 만나 볼래요?"

이렇게 해서 개회나무랑 선을 보게 되었다. 처음 만난 자리에서 앞도 보고, 뒤도 보고, 키도 보고, 수형도 보고 꼼꼼하게 살폈다. 내 식구가 될 수 있을지 살살이 따졌다. 그러고는 여덟 그루의 개회나무가 찍박골정원으로 시집오게 되었다. 들어온 지 만 2년이 되어 가고 있지만 오래 전부터 마음에 품어 왔다거나 연애 기간이 길었다거나 하지 않고 중매로 만난 사이기 때문에 특별한 애정이나 에피소드 같은 것은 없다. 아직은 상대를 잘 몰라서 탐색 중인 링 위의 권투선수 같다.

생각보다 일찍 착근해서 두 번째 꽃을 보여 준 올해에는 아주 실하게 꽃이 피었고, 이파리도 건강하게 자라고 있다. 토종 라일락이라고 해서 대단한 향기를 기대했는데, 꽃이 높이 매달려서 그런지 특별한 향기의 감동은 없었다. 거실 앞에서 자라고 있는 시링가 메이어리 '팔리빈' *S. meyeri* 'Palibin'이 봄마다 아찔하게 취할 정도의 향기를 뿜어내는 것에 비해서 개회나무의 향기는 부드럽고 은은하다는데 나는 느낄 수 없어서 아쉬웠다.

2025년 이른 봄, 30년 넘은 단풍나무 한 그루를 베어 냈다. 천공성 해충 피해를 입었다는 진단을 받았다. 3년째 사용하던 축분 퇴비 때문이었다. 해마다 눈이 녹기 전 모든 나무에 퇴비를 뿌렸고, 눈 녹은 물과 함께 뿌리에 영양이 스며들어 잘 자라기를 기대했다. 하지만 축분 퇴비는 몇 년 동안 묵혀도 고온 발효를 거치지 않으면 해충 알이나 균이 남아 있을 수 있다고 한다.

이 일이 있을 후로 나는 나무도 정원의 초화류처럼 비료 한 톨 없이 키우기로 결심했다. 천천히 단단하게 키우기로 했다. 그래서 개회나무한테는 비료 한 톨 안 줄 생각이지만, 결코 가볍지 않은 마음으로 백년해로할 생각이다. 쉽게 키우지 않겠다는 비장한 내 마음을 개회나무는 이해해 줄 것이다.

농장의 넓지 않은 공간에서 자라다 보니 키가 커져 버렸다. 3미터가 되지 않는 작은 나무를 원했지만, 그래도 개회나무라 선뜻 집어 들었다.

쥐똥나무

쥐똥나무 100
Ligustrum obtusifolium

H	3~7
↕	3~4m
↔	3~4m
❀	초여름
☀	양지/반음지
💧	건조~보통

어느 겨울날, 시골의 굽은 골목길을 천천히 걷다가 수십 년은 족히 되어 보이는 쥐똥나무 울타리를 만났다. 발길이 멈추고 마치 '얼음 땡' 놀이라도 하듯 시선이 거기 붙박였다. 나무뿌리처럼 굵어진 '할아버지의 할아버지' 줄기와 이제 막 세상에 발을 디딘 '손자의 손자' 줄기가 서로 뒤엉켜 만들어 낸 문양은 한 가족의 오랜 역사를 담은 족보를 보는 듯했다.

여름에 빽빽한 이파리로 완벽한 차폐 역할을 했을 이 울타리는 겨울이 되자 잎을 떨군 채 속이 은근히 들여다보이는 '반투명 스크린'이 되어 있었다. 이런 풍경은 유럽에서 여러 번 감탄사를 터뜨리며 눈에 담아 온 장면이기도 했다. 그러나 울타리목으로 쓰인 유럽서어나무*Carpinus betulus*는 아쉽게도 우리나라의 겨울을 견디지 못해 감히 시도조차 하지 못했고, 결국 잊히지 않는 명화처럼 가슴 한편에 잔상으로 남아 있었다. 그러다 쥐똥나무의 겨울 줄기와 마주쳤다.

그래서 드디어 50센티미터 간격으로 회초리 같은 쥐똥나무 묘목을 심었다. 경사지가 끝나는 곳에 50센티미터 정도의 높이로 돌담을 쌓고, 그 돌담 위로 쥐똥나무 울타리를 만들고자 했다.

그러나 몇 년이 지나도 한 뼘도 자라지 않았다. 꽃도 없고, 향도 없고, 쥐똥 같은 열매도 없었다. 여름 장마가 지나거나 태풍이 지나고 나면 돌담 아래로 토사가 수북이 쌓여 갔다. 돌담 사이를 메우지 않았던 까닭에 집중 호우에 쓸려 내려온 고운 흙들이 돌담 사이사이로 유실되고 있었던 것이다. 즉, 쥐똥나무는 자갈만 남은 척박한 토양에서 살고 있었던 것이다. 그래서 돌담을 허물고 사이사이를 모르타르mortar, 회나 시멘트에 모래를 섞고 물로 갠 것으로 메워 다시 쌓았다.

그 후로 신기할 만큼 쑥쑥 자라났다. 뼈대만 앙상했던 줄기에서 줄기가 돋고, 이파리가 나고, 꽃도 피고 열매도 맺었다. 드디어 쥐똥나무가 자라기 시작했다! 내가 바라던 나무뿌리처럼 굵은 줄기는 세월이 더 흘러야 하겠지만, 이제 걸음마를 시작했으니 곧 사춘기를 지난 젊은 청년처럼 굵은 줄기로 자라날 것이다.

지천에 널려 있을 만큼 흔한 쥐똥나무가 내 마음속에 크게 한 자리를 꿰차고 앉은 한 가지 이유는 포효하는 사자 같은 향기 때문이고, 또 한 가지 이유는 이 흔한 나무가 만들어 내는 명품 오브제 같은 한겨울의 풍경 때문이다.

꽃은 눈에도 잘 띄지도 않을 만큼 자잘하지만 주변을 압도해 버릴 만한 향기를 뿜어 낸다.

숲자락 정원을 살며시 감추어 주는 용도로 세운 쥐똥나무 수벽.

열매가 쥐똥 같다고 해서 붙은 이름이란다.
참 예쁜 쥐똥이다.

아직 설은
쥐똥나무 울타리.

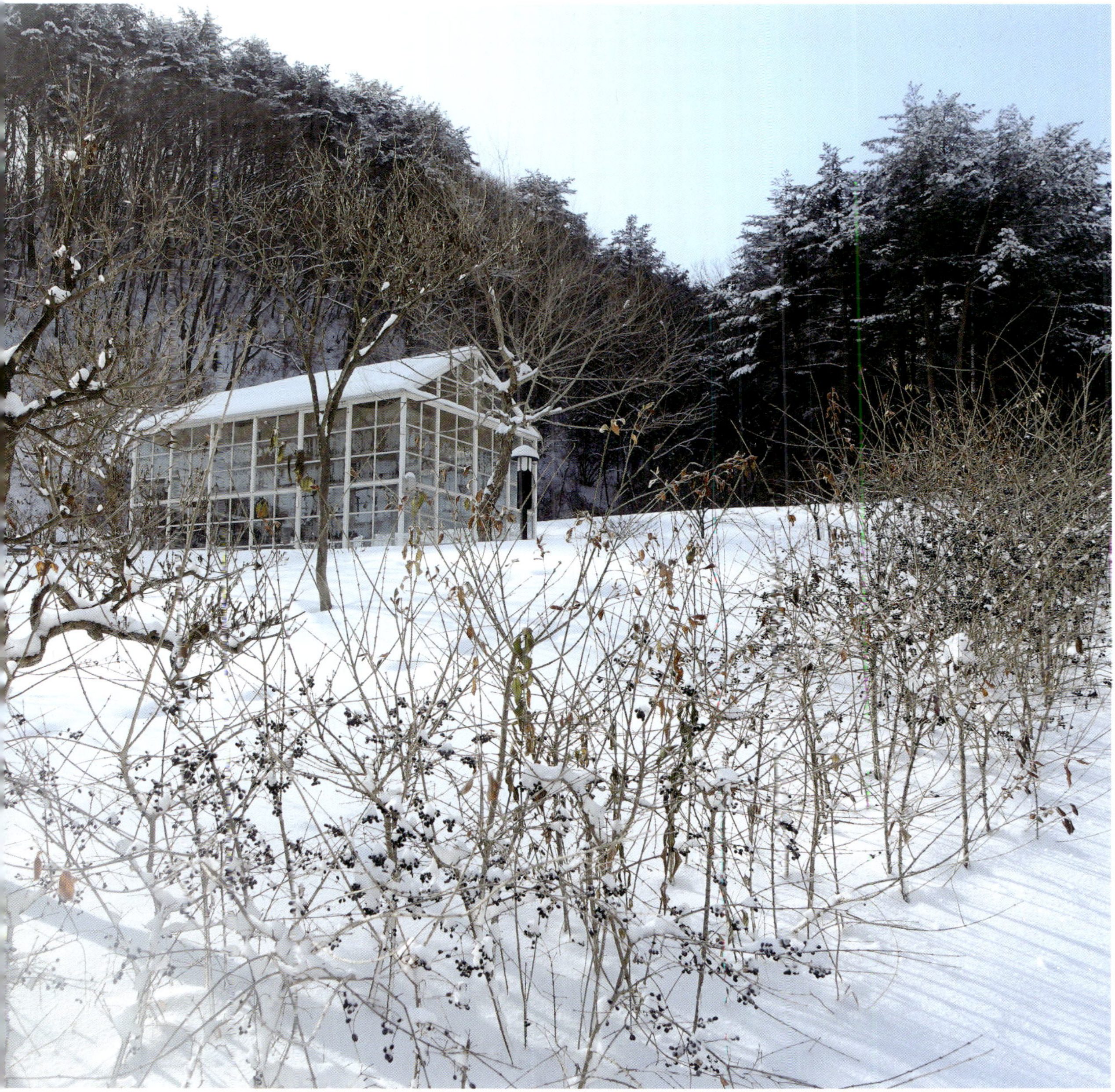

실내공간에서 이끼 기르는 취향 정원사들 100

글 사진 김정희

1판 1쇄 펴낸날 2025년 9월 30일

펴낸이 김종필
펴낸곳 문수책방
출판신고 제25100-2013-000021호
대표전화 070 8151 4255
팩스밀리 0303 3440 7277
디자인 studio frtg
제작 야진북스

ISBN 979-11-88806-70-6 (13520)
가격 32,000원

이메일 moonlitree@naver.com
블로그 blog.naver.com/moonlitree
페이스북 인스타그램 moksubooks
스마트스토어 smartstore.naver.com/moksubooks

Copyright ⓒ 2025 김정희

이 책의 저작권 김정희와 문수책방이 공동 계약에 의해 출판되었으므로 이 책의 일부 내용이나 사진 전체를 무단 복제, 생산자 배제 등을 금합니다.